D1994618

Die FehlerHilfe

Das Aktiv-Training gegen typische Fehler

Mathematik

Prozentrechnen 6. bis 9. Schuljahr

Schroedel

Die **FehlerHilfe**

Prozentrechnen
6. bis 9. Schuljahr

Autor:
Reinhold Kreutzkamp unterrichtet seit 20 Jahren Mathematik und Physik, seit mehr als zehn Jahren ist er als stellvertretender Schulleiter tätig. Er hat auch an der Erstellung und Umsetzung von Richtlinien für den Mathematikunterricht mitgearbeitet.

© 2013 Bildungshaus Schulbuchverlage
Westermann Schroedel Diesterweg Schöningh Winklers GmbH, Braunschweig
www.schroedel.de

Das Werk und seine Teile sind urheberrechtlich geschützt. Jede Nutzung in anderen als den gesetzlich zugelassenen Fällen bedarf der vorherigen schriftlichen Einwilligung des Verlages. Hinweis zu § 52a UrhG: Weder das Werk noch seine Teile dürfen ohne eine solche Einwilligung gescannt und in ein Netzwerk eingestellt werden. Dies gilt auch für Intranets von Schulen und sonstigen Bildungseinrichtungen.
Auf verschiedenen Seiten dieses Buches befinden sich Verweise (Links) auf Internet-Adressen. Haftungshinweis: Trotz sorgfältiger inhaltlicher Kontrolle wird die Haftung für die Inhalte der externen Seiten ausgeschlossen. Für den Inhalt dieser externen Seiten sind ausschließlich deren Betreiber verantwortlich. Sollten Sie bei dem angegebenen Inhalt des Anbieters dieser Seite auf kostenpflichtige, illegale oder anstößige Inhalte treffen, so bedauern wir dies ausdrücklich und bitten Sie, uns umgehend per E-Mail davon in Kenntnis zu setzen, damit beim Nachdruck der Verweis gelöscht wird.

Druck [1] / Jahr 2013

Redaktion: imprint, Zusmarshausen
Kontakt: lernhilfen@schroedel.de
Herstellung: Sandra Grünberg
Umschlaggestaltung und Layout: tiff.any GmbH, Berlin
Illustrationen: Hans-Jürgen Feldhaus, Münster
Satz: imprint, Zusmarshausen
Druck und Bindung: westermann druck GmbH, Braunschweig

ISBN: 978-3-507-**23208**-2

Inhaltsverzeichnis

Vorwort ... 4

Das kann ich!

1 **Anteile: Bruch – Dezimalzahl – Prozentzahl**
Darstellung ... 5 ... ○
Umwandlungen ... 11 ... ○

2 **Prozentwert, Prozentsatz, Grundwert** ... 18 ... ○

3 **Vermehrter und verminderter Grundwert** ... 30 ... ○

4 **Prozentsätze und Diagramme** ... 38 ... ○

5 **Grundgleichung der Prozentrechnung** ... 49 ... ○

6 **Prozentrechnung im Alltag: Brutto – Netto, Rabatt – Skonto** ... 57 ... ○

7 **Zinsrechnung und Zinseszinsen** ... 65 ... ○

8 **Promillerechnung** ... 79 ... ○

9 **Bruttolohn, Nettolohn und Steuern** ... 93 ... ○

10 **Formeln** ... 102

Lösungen ... 103

Vorwort

Liebe Schülerin, lieber Schüler,

du möchtest weniger Fehler machen und deine Noten verbessern? Dann ist **Die FehlerHilfe** genau das Richtige für dich! **Die FehlerHilfe** hilft dir, typische Fehler zu vermeiden und so deine Leistungen zu steigern.

Zu jedem wichtigen Thema gibt es ein Kapitel. Jedes Kapitel beginnt mit einem Auszug aus einer Klassenarbeit. Hier siehst du, welche Fehler häufig gemacht werden. Sind in deiner Klassenarbeit ähnliche Fehler angestrichen? Dann solltest du dieses Kapitel auf jeden Fall bearbeiten!

Die Kapitel bestehen aus folgenden Bausteinen:

Regeln	Hier wird leicht verständlich erklärt, welche Regeln du beachten musst, um typische Fehler zu vermeiden.
Übungen	Mithilfe der Übungen kannst du die Regeln aktiv trainieren.
Tipps	Eingestreute Tipps geben dir zusätzliche Hilfestellungen.
Fehler-Check	Am Ende des Kapitels kannst du den Test machen: Alles fehlerfrei?

Die **Lösungen** zu den Übungen und zum Fehler-Check findest du am Ende des Buches.

Und nun kannst du dem Fehlerteufel den Kampf ansagen!

Viel Erfolg wünscht dir
Reinhold Kreutzkamp

Anteile: Bruch – Dezimalzahl – Prozentzahl

Darstellung

1. Notiere den gefärbten Anteil als Prozentzahl.

a)

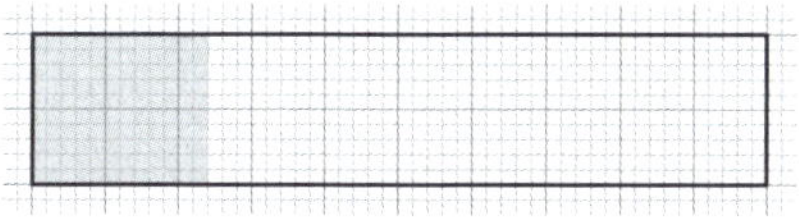

1,2 cm = 12 %   **f (1 cm ≙ 20 %)**

b)

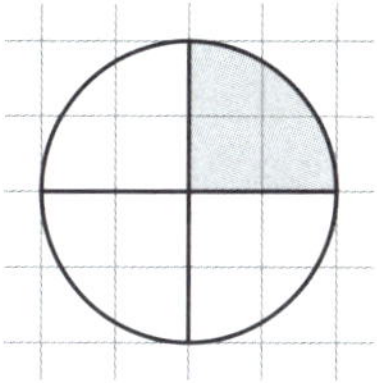

$\frac{1}{4}$ = ...   **(25 %)**   **II**

2. Färbe im folgenden Rechteck 10 % ein.

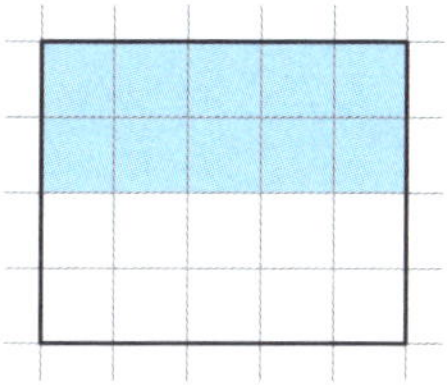

f

Das sind 50 %!

I

Regeln

1. **Anteile** an einem Ganzen können durch **Brüche** abgegeben werden.

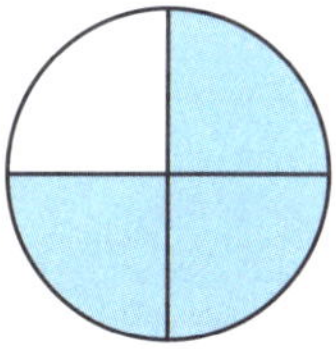

$\text{Anteil} = \frac{3}{4}$ — 3: Zähler, Bruchstrich, 4: Nenner

Der **Nenner** des Bruches gibt an, in wie viele gleich große Teile das Ganze geteilt wird.
Der **Zähler** gibt an, wie viele solcher Teile dann ausgewählt worden sind.

2. Anteile können auch durch **Dezimalzahlen** dargestellt werden. Dezimalzahlen sind Dezimalbrüche (Brüche mit dem Nenner 10, 100, 1000 ...), die in dezimaler Schreibweise mit Komma notiert werden.

Beispiele: $\frac{7}{10} = 0{,}7$; $\frac{3}{100} = 0{,}03$; $\frac{2}{5} = \frac{4}{10} = 0{,}4$;

$\frac{7}{20} = \frac{35}{100} = 0{,}35$

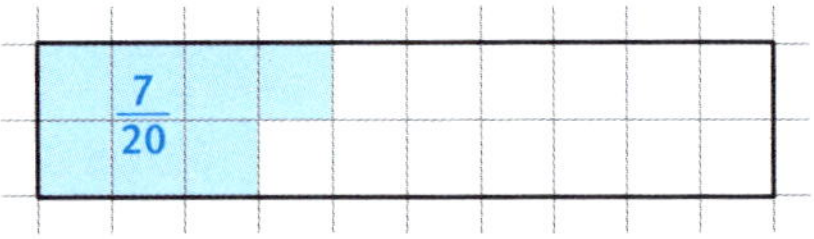

3. Häufig werden Anteile vom Ganzen auch durch **Prozentzahlen** beschrieben.
Prozent stammt aus dem lateinischen: *pro centum*; vom Hundert, Hundertstel.
Das Zeichen für Prozent ist: %.

Beispiel: $1\,\% = \frac{1}{100}$; $20\,\% = \frac{20}{100}$; $100\,\% = \frac{100}{100} = 1$

Anteile:

Hellblau: $\frac{9}{100} = 9\,\%$

Dunkelblau: $\frac{25}{100} = 25\,\%$

Weiß: $\frac{66}{100} = 66\,\%$

Das Ganze: $\frac{100}{100} = 100\,\%$

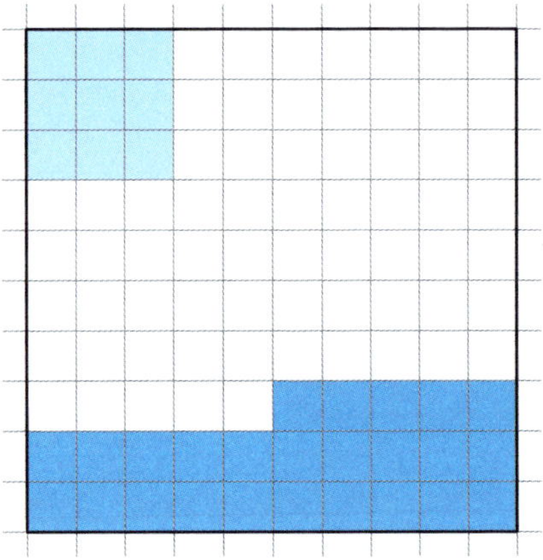

Bemerkung: Anteile werden oft mit Prozentzahlen dargestellt, weil du sie dann schneller vergleichen kannst:

Beispiel: $37{,}5\,\% < 38\,\%$, nicht so schnell erkennst du aber $\frac{3}{8} < \frac{19}{50}$.

Übungen

1 Gib den Anteil der gefärbten Flächen in Prozent an.

a)

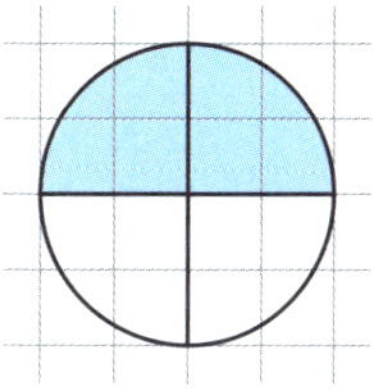

b)

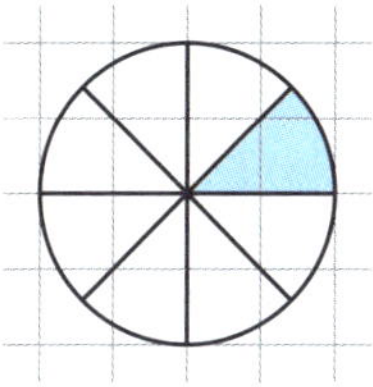

c)

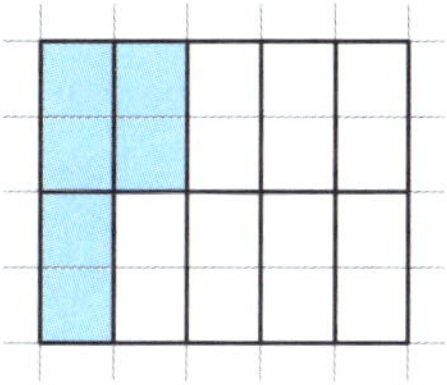

d)

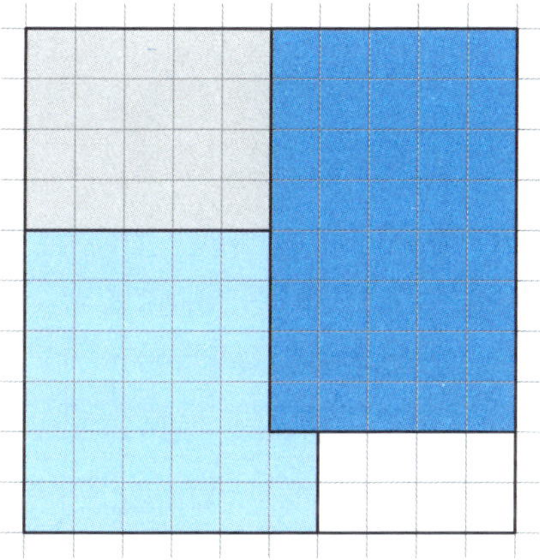

e)

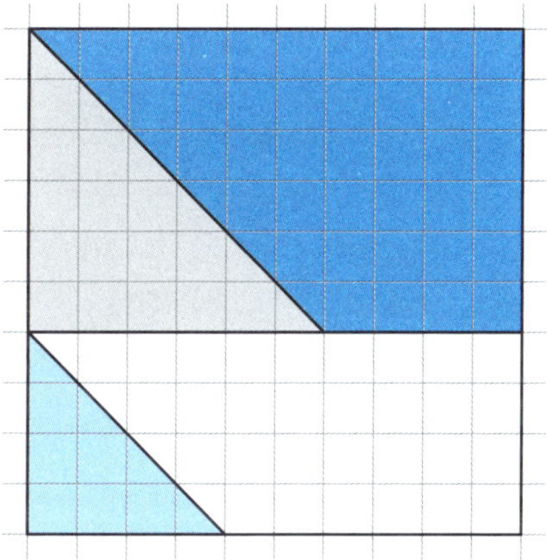

d) grau: ______, blau: ______, hellblau: ______, weiß: ______

e) grau: ______, blau: ______, hellblau: ______, weiß: ______

f)

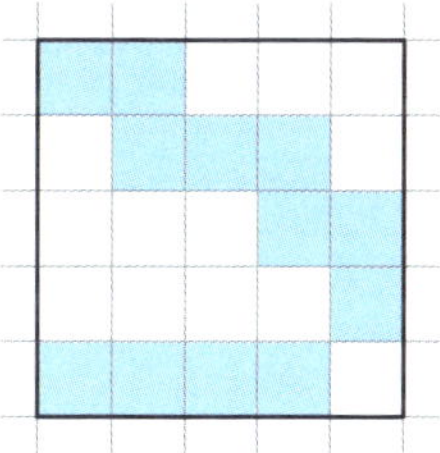

g)

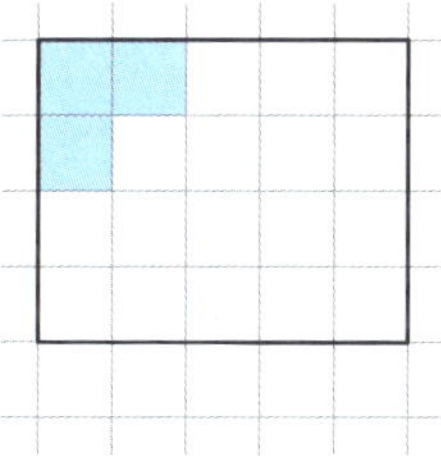

h)

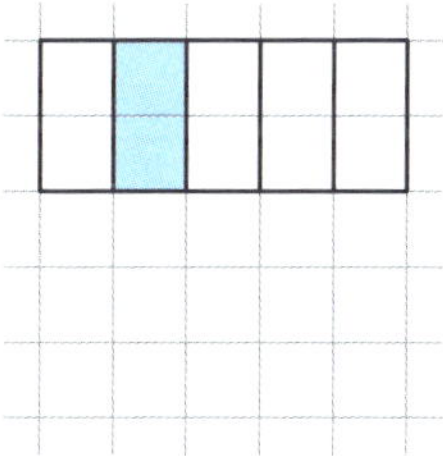

2

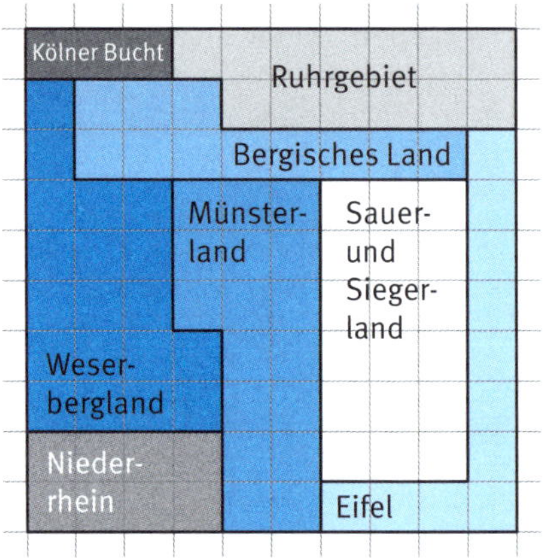

Links im Bild siehst du, wie das Land Nordrhein-Westfalen aufgeteilt ist.

a) Wie viel Prozent der Gesamtfläche entfällt auf das Ruhrgebiet?

b) Welche Landschaft hat den größten prozentualen Anteil?
Wie hoch ist dieser Prozentsatz?

c) Nenne vier Landschaften, die zusammen 50 % der Gesamtfläche haben.

3 Ergänze die Figuren zu 100 %.

a) 50 % b) 40 % c) 35 % d) 60 %

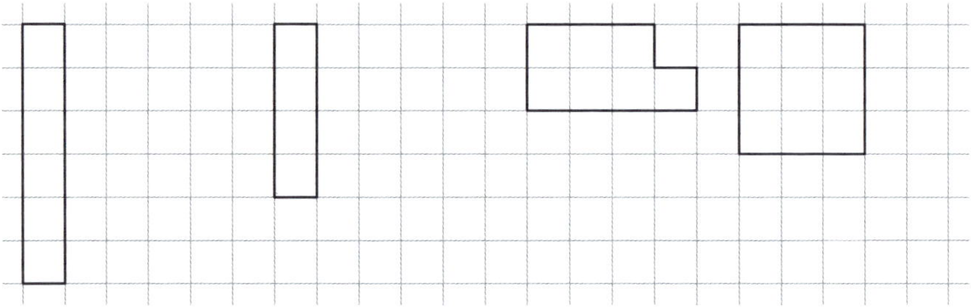

4 Gib die gefärbten Anteile als Bruch an.

a)

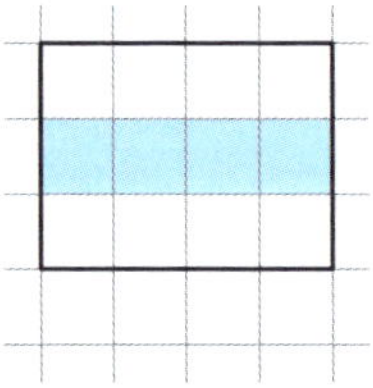

b)

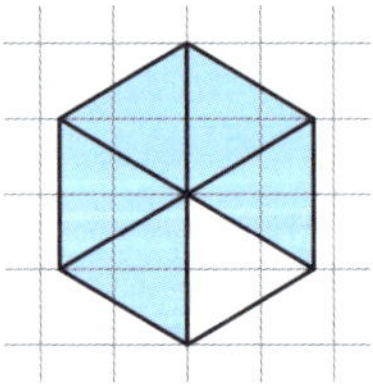

c)

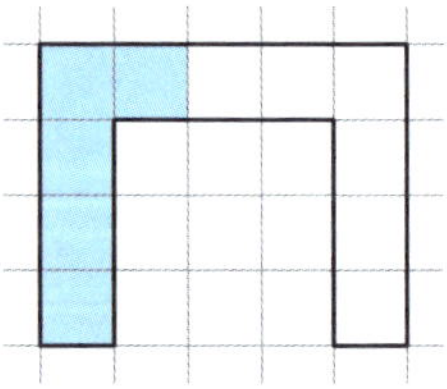

d)

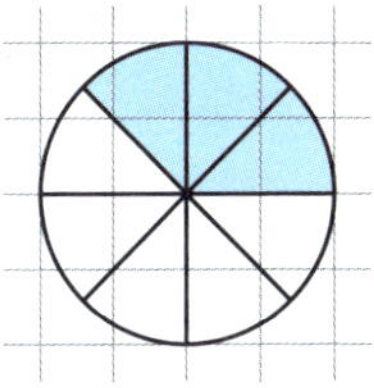

e)

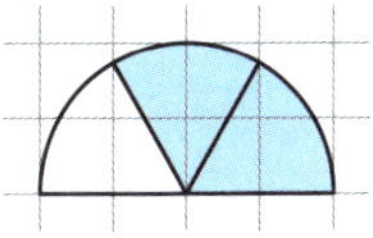

f)

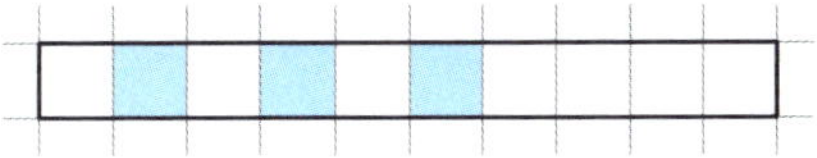

5 Ordne den Dezimalzahlen den richtigen Anteil zu.

0,5	0,75	1	0,2	0,3	0,05
b)					

a)

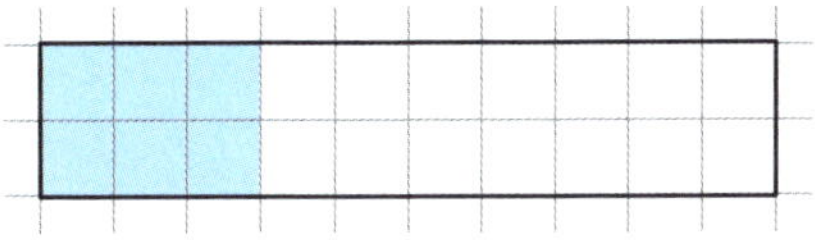

b)

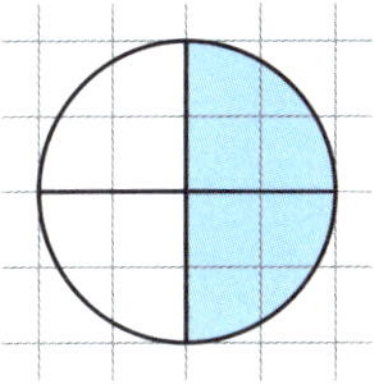

c)

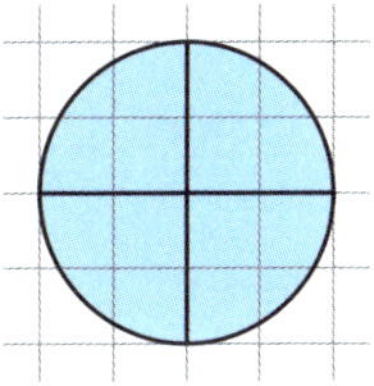

d)

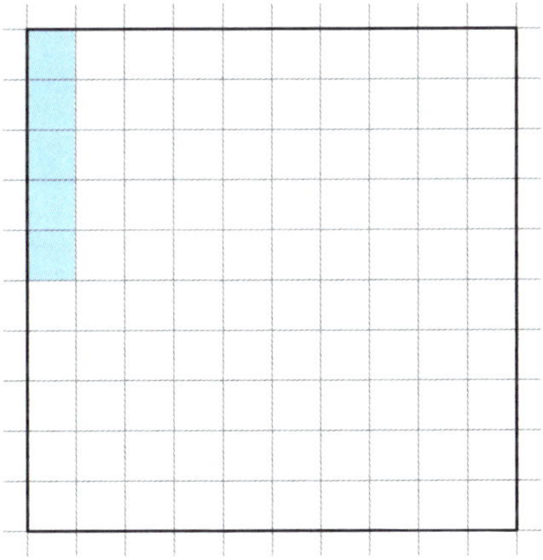

e)

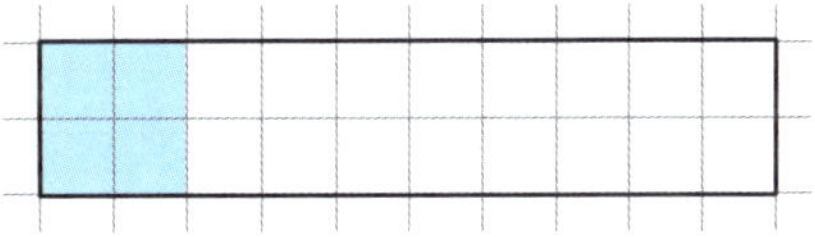

f)

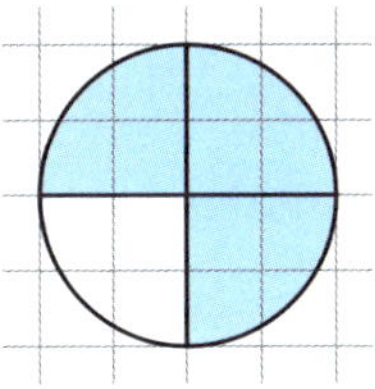

Fehler-Check

1 Schreibe den gefärbten Anteil als Prozentzahl.

a)

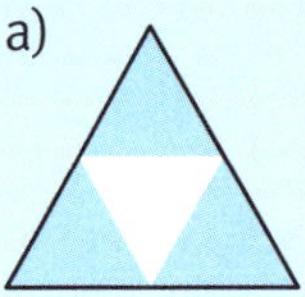

gefärbter Anteil:

b)

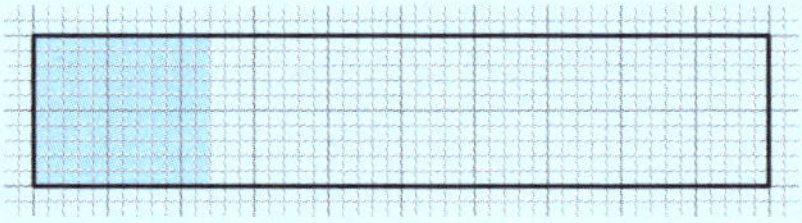

gefärbter Anteil:

c)

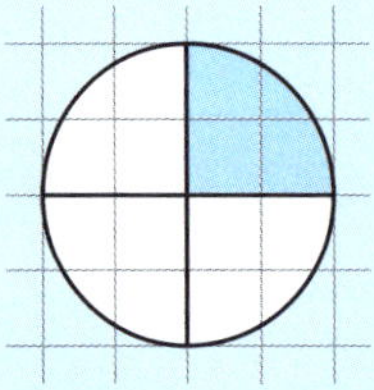

gefärbter Anteil:

d)

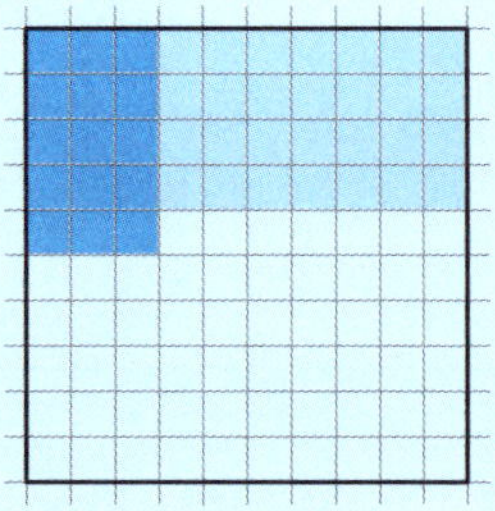

blauer Anteil: ,

hellblauer Anteil:

2 Färbe den angegebenen Anteil.

a) 10 %

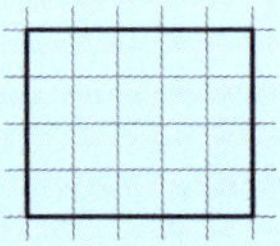

b) 0,4

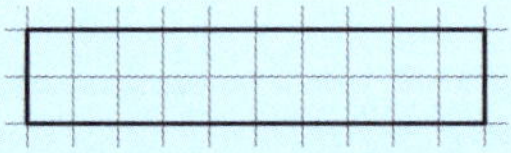

c) $\frac{3}{10}$

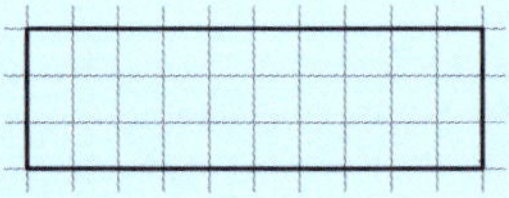

3 a) Färbe das Rechteck zu 15 % rot, 40 % blau und zu 35 % grün.

b) Wie viel Prozent des Rechtecks bleiben ungefärbt?

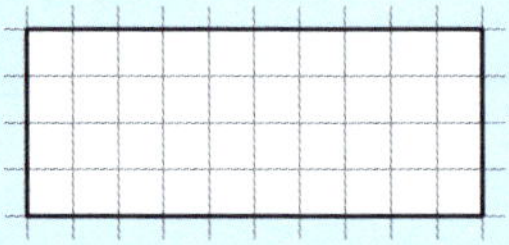

Fehler	0 – 1 Fehler	2 Fehler	mehr als 2 Fehler
	Super!	In Ordnung!	Bitte noch einmal üben!

Umwandlungen

1. Wandle in eine Prozentzahl um.

a) 0,065 = 65 % **(Kommaverschiebung falsch)**

b) $\frac{1}{5}$ = 5 % **(Erst auf einen Hunderterbruch erweitern.)** **II**

2. Gib die Zahlen als gekürzte Brüche an.

a) 15 % = $\frac{15}{100}$ = … **f** **(Kürzen !)**

b) 0,6 = 6 % = $\frac{6}{100}$ = $\frac{3}{50}$ **f** **(Falsche Umwandlung)** **II**

Regeln

1. Brüche mit dem Nenner 10, 100, 1000, … heißen **Dezimalbrüche.** Für diese Brüche gibt es eine dezimale Schreibweise mit Komma. Zahlen in dieser Schreibweise nennt man **Dezimalzahlen**.
   $\frac{1}{10} = 0{,}1$; $\frac{1}{100} = 0{,}01$; $\frac{1}{1000} = 0{,}001$ usw.
   Beispiele: $0{,}4 = \frac{4}{10}$; $0{,}08 = \frac{8}{100}$; $0{,}25 = \frac{2}{10} + \frac{5}{100} = \frac{20}{100} + \frac{5}{100} = \frac{25}{100}$

Tipp | 0,65 liest man: null Komma sechs fünf

2. Viele Brüche kannst du so erweitern, dass im Nenner eine 10, 100, 1000, … steht.
   Beispiele: $\frac{3}{5} = \frac{6}{10} = 0{,}6$; $\frac{3}{4} = \frac{75}{100} = 0{,}75$

3. Dezimalstellen kannst du in einer **Stellenwerttafel** eintragen. Dazu erweiterst du diese nach rechts. An erster Stelle nach dem Komma stehen die Zehntel, dann die Hundertstel …

Beispiele: 2,584

H	Z	E	$\frac{1}{10}$	$\frac{1}{100}$	$\frac{1}{1000}$
		2	5	8	4

0,905

H	Z	E	$\frac{1}{10}$	$\frac{1}{100}$	$\frac{1}{1000}$
		0	9	0	5

4. Du kannst jeden **Bruch in eine Dezimalzahl umwandeln,** indem du den Zähler durch den Nenner dividierst. Dabei erhältst du entweder

   a) eine **endliche** Dezimalzahl wie z. B. $\frac{2}{5} = 2:5 = 0{,}2$;

   b) eine **reinperiodische** Dezimalzahl wie z.B. $\frac{4}{11} = 4:11 = 0{,}3636 = 0{,}\overline{36}$ (null Komma Periode drei sechs);

   c) oder eine **gemischtperiodische** Dezimalzahl wie z. B. $\frac{5}{6} = 5:6 = 0{,}8333... = 0{,}8\overline{3}$ (null Komma acht Periode drei).

5. Willst du eine **Dezimalzahl in einen Bruch umwandeln,** trägst du sie am besten zuerst in eine Stellenwerttafel ein. Streiche dann alle Nullen am Anfang und am Ende der Zahlenfolge. Die restlichen Ziffern schreibst du in den Zähler. Der Nenner ist der Stellenwert der letzten verbleibenden Ziffer. Kürze den Bruch, wenn es möglich ist.

Beispiele: 0,250 = $\frac{25}{100} = \frac{1}{4}$

E	$\frac{1}{10}$	$\frac{1}{100}$	$\frac{1}{1000}$
	2	5	

3,004 = $\frac{3004}{1000} = \frac{751}{250} = 3\frac{1}{250}$

E	$\frac{1}{10}$	$\frac{1}{100}$	$\frac{1}{1000}$
3	0	0	4

Tipp Brüche kannst du **erweitern** oder **kürzen**, um dann mit einem veränderten Nenner weiterzurechnen.

a) Ein Bruch wird erweitert, indem man Zähler und Nenner mit denselben natürlichen Zahl multipliziert.

Beispiel: $\frac{4}{5} = \frac{4 \cdot 20}{5 \cdot 20} = \frac{80}{100}$

b) Ein Bruch wird gekürzt, indem man Zähler und Nenner durch dieselbe natürliche Zahl dividiert.

Beispiel: $\frac{30}{100} = \frac{30:10}{100:10} = \frac{3}{10}$

6. **Prozentzahlen** kannst du einfach in **Dezimalzahlen** und umgekehrt **umwandeln.**

Beispiele: $7\,\% = \frac{7}{100} = 0{,}07$ (:100) $\quad 40\,\% = \frac{40}{100} = 0{,}4$ (:100)

$0{,}13 = 13\,\%$ (·100) $\quad 0{,}025 = 2{,}5\,\%$ (·100)

Bei der **Umwandlung von Prozentzahlen in Brüche** und umgekehrt sind die Hunderterbrüche nützlich.

Beispiele: $60\,\% = \frac{60}{100} = \frac{3}{5}$ (Kürzen mit 20) $\quad 5\,\% = \frac{5}{100} = \frac{1}{20}$ (Kürzen mit 5)

$\frac{3}{20} = \frac{15}{100} = 15\,\%$ (Erweitern mit 5) oder $\frac{3}{20} = 0{,}15 = 15\,\%$ (schriftlich dividieren; ·100)

Übungen

1 Schreibe den Anteil als Hunderterbruch und als vollständig gekürzten Bruch.

a) 15 % =

b) 70 % =

c) 20 % =

d) 50 % =

e) 4 % =

f) 25 % =

2 a) Färbe 35 % in dem Prozentstreifen.

b) Wandle die Prozentzahl zunächst in einen Hunderterbruch und dann in eine Dezimalzahl um.

35 % =

c) Wie viel Prozent sind im Streifen ungefärbt?

3 Notiere die Dezimalzahlen in der Stellenwerttafel und schreibe sie dann als Brüche. Kürze, wenn möglich.

a) 0,04 =

b) 0,19 =

c) 1,3 =

d) 0,8 =

e) 0,025 =

Z	E	$\frac{1}{10}$	$\frac{1}{100}$	$\frac{1}{1000}$

4 Ergänze die jeweils fehlenden Dezimalzahlen und Prozentzahlen.

a) 5 % =

b) = 0,2

c) 92 % =

d) 19 % =

e) = 0,34

f) 120 % =

g) 1,5 % =

h) = 0,006

5 Erweitere die Brüche zunächst auf Hunderterbrüche (oder Tausenderbrüche) und notiere dann die Prozentzahlen.

a) $\frac{1}{2} = \frac{50}{100} =$ ____ b) $\frac{1}{4} =$ ____ $=$ ____

c) $\frac{3}{4} =$ ____ $=$ ____ d) $\frac{1}{5} =$ ____ $=$ ____

e) $\frac{1}{8} = \frac{}{1000} =$ ____ f) $\frac{1}{20} =$ ____ $=$ ____

g) $\frac{1}{50} =$ ____ $=$ ____ h) $\frac{3}{8} =$ ____ $=$ ____

6 Die Prozentzahlen der folgenden Brüche kannst du über die jeweiligen Dezimalzahlen finden.

a) $\frac{1}{3} = 0{,}\overline{3} = 33{,}\overline{3}\,\%$

b) $\frac{2}{3} =$ ____ $=$ ____

c) $\frac{1}{6} =$ ____ $=$ ____

d) $\frac{1}{12} =$ ____ $=$ ____

e) $\frac{1}{24} =$ ____ $=$ ____

$1 : 3 = 0{,}33\ldots = 0{,}\overline{3}$
-0
10
-9
10
-9

7 Ergänze die Zahlen in den Quadraten so, wie es im Musterquadrat rechts vorgegeben ist.

Hunderterbruch	Dezimalzahl
Prozentzahl	vollst. gekürzter Bruch

a)

$\frac{35}{100}$	

b)

	0,8

c)

25 %	

d)

	$\frac{3}{20}$

8 Trage auf dem Diagramm folgende Brüche (rechts) und Prozentzahlen (links) richtig ein:

$\frac{1}{4}$; $\frac{1}{6}$; $\frac{1}{10}$; $\frac{1}{20}$; $\frac{2}{3}$; $\frac{3}{4}$; $\frac{4}{5}$; $\frac{6}{5}$

5 %; 20 %; 25 %; 60 %; 75 %; 110 %

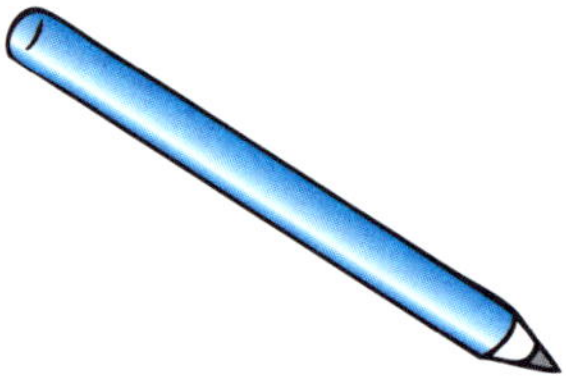

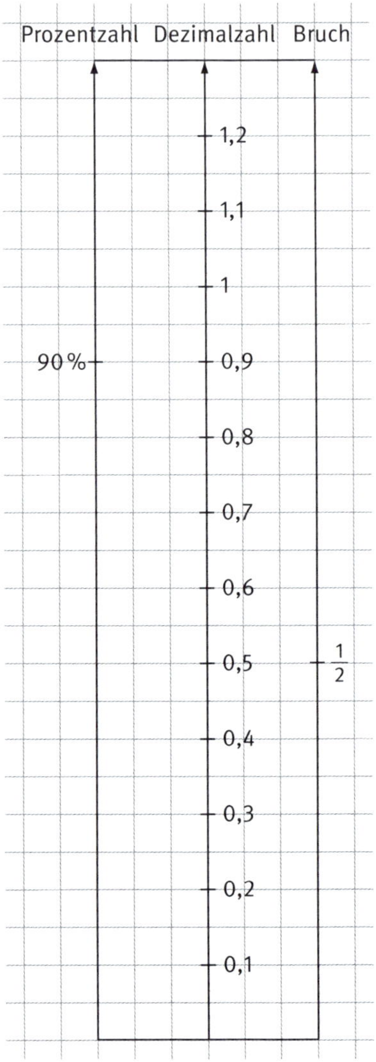

Fehler-Check

1 Schreibe als vollständig gekürzten Bruch.

a) 15 % =

b) 0,6 =

c) 0,035 =

d) 40 % =

2 Wandle in eine Prozentzahl um.

a) $\frac{1}{5}$ =

b) 0,065 =

c) $\frac{17}{20}$ =

d) 0,55 =

e) 1,19 =

f) $2\frac{1}{2}$ =

3 Auf dem Prozentblatt sind vier Bereiche markiert.

a) Gib Bereich 1 als vollständig gekürzten Bruch,

Bereich 2 als Dezimalzahl und

Bereich 3 als Prozentzahl an.

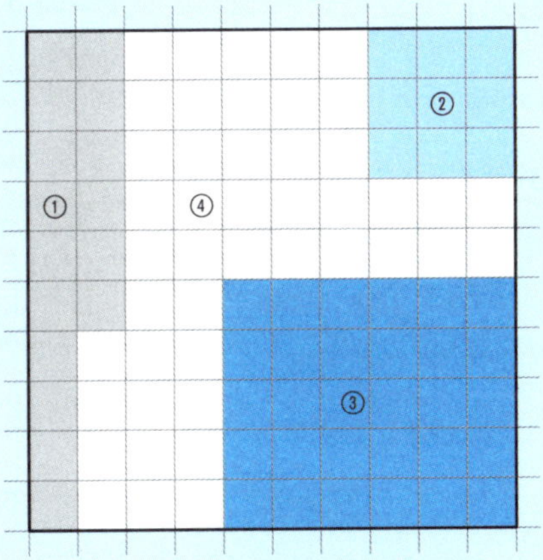

b) Ist der ungefärbte Bereich 4 größer als die gefärbten Bereiche 1 bis 3 zusammen?

Gib Bereich 4 als Hunderterbruch an:

Fehler | 0 – 1 Fehler Super! | 2 Fehler In Ordnung! | mehr als 2 Fehler Bitte noch einmal üben!

2 Prozentwert, Prozentsatz, Grundwert

1. Berechne mit dem Operator.

   a) 12 % von 240 €

   $100 \cdot 240 = 24\,000$
   $24\,000 : 12 = 2000\,€$ } f   **12 % = 0,12** **W = 240 € · 0,12**   **I**

   b) 60 % von G sind 150 km

   $W = 0{,}6 \cdot 150\,km = 90\,km$ f   **I**

   W = 150 km!   **falsche Zuordnung**

2. Berechne mit dem Dreisatz.

   35 % von 7200 kg

7200 kg	100 %
1 kg	$\frac{100}{7200}$ %
?	35 %

   (: 7200 ↓ on both sides)

   ◯ f **Der Umwandlungsoperator fehlt.**   **II**

Regeln

1. Anna und Jan sind beide 12 Jahre alt und Mitglieder des Schachvereins SGP. Die altersmäßige Verteilung der Mitglieder siehst du im Streifendiagramm:

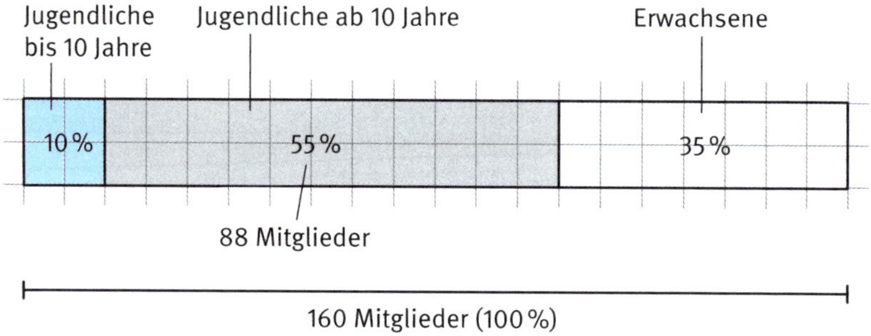

Anna und Jan gehören zur größten Gruppe im Verein.

> Das Ganze (160 Mitglieder) ist der **Grundwert**.
> Der **Grundwert** entspricht immer 100 %.
> Der Anteil vom Ganzen (55 %) heißt **Prozentsatz**.
> Die Größe des Anteils (88 Mitglieder) wird **Prozentwert** genannt.

Diese drei **Grundgrößen** der **Prozentrechnung** kürzt man wie folgt ab:

55 % von 160 Mitgliedern sind 88 Mitglieder.

p nennt man **Prozentzahl** (hier: 55).

2. Die Berechnung des Prozentwertes und des Grundwertes mit dem **Operator**:

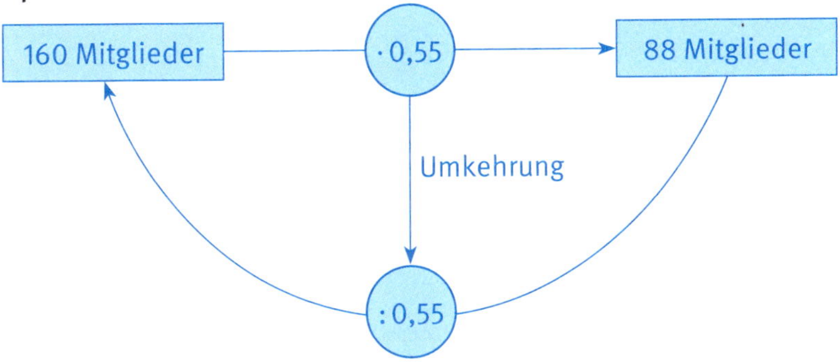

a) **Prozentwert:** 55 % von 160 Mitgliedern: $0{,}55 \cdot 160 = 88$ (Mitglieder)

b) **Grundwert:** 55 % vom Grundwert sind 88 Mitglieder:
$88 : 0{,}55 = 160$ (Mitglieder)

3. Die Berechnung des Prozentsatzes als Anteil:
   Prozentsatz: 88 Mitglieder von 160 Mitgliedern sind:

$$\frac{88}{160} = 0{,}55 = 55\,\%$$

4. Die Berechnung des Prozentwertes, Grundwertes und des Prozentsatzes mit dem **Dreisatz**.
   a) Prozentwert: Der Schachverein hat insgesamt 160 Mitglieder.
   35 % der Mitglieder sind Erwachsene.
   Wie viele Personen sind das?

Diese Aufgabe wird hier mit dem Dreisatzverfahren in einer Tabelle gelöst. Die Tabelle sieht wie ein kleines t aus.

①

Die gesuchte Größe wird oben rechts eingetragen. →

②

	Personen (gesuchte Größe)

Die zugeordnete (bekannte) Größe wird oben links eingetragen. →

③

%	**Personen**

Das angegebene Wertepaar wird in die 1. Zeile eingetragen. →

④

%	**Personen**
100 %	160

Die bekannte Größe (links) wird auf 1 verändert (meist verkleinert) →

⑤

	%	**Personen**
	100 %	160
: 100 ↓	1 %	

Die Zuordung der Größen (%, Personen) ist proportional, deshalb wird auch die gesuchte Größe gleichartig verändert. ⟶

⑥

	%	Personen	
	100 %	160	
: 100 ↓	1 %	1,6	↓ : 100

In die 3. Zeile wird der bekannte Größenwert eingetragen. ⟶

⑦

	%	Personen	
	100 %	160	
: 100 ↓	1 %	1,6	↓ : 100
	35 %		↓ · 35

Die fehlende Veränderung (1 % → 35 %) wird rechts und links eingetragen. ⟶

⑧

	%	Personen	
	100 %	160	
: 100 ↓	1 %	1,6	↓ : 100
· 35 ↓	35 %		↓ · 35

Der gesuchte Größenwert wird rechts unten eingetragen. ⟶

⑨

	%	Personen	
	100 %	160	
: 100 ↓	1 %	1,6	↓ : 100
· 35 ↓	35 %	$1{,}6 \cdot 35 = 56$	↓ · 35

Du erhältst als Ergebnis deiner Rechnung 56 erwachsene Mitglieder.

Bemerkung: Dein Dreisatz-t (gemeint ist die Tabelle) enthält am Schluss drei zugeordnete Wertepaare:

%	Personen	
100 %	160	1. Satz
1 %	1,6	2. Satz
35 %	$1{,}6 \cdot 35 = 56$	3. Satz

Diese Wertepaare werden auch Sätze genannt und so ergibt sich der Name: **Dreisatz**.

b) Grundwert: 56 Mitglieder des Schachvereins sind Erwachsene. Das entspricht 35 % aller Mitglieder. Wie viele Mitglieder hat der Verein?

①

%	Personen (gesucht)
35 %	56

②

	%	Personen	
	35 %	56	
:35 ↓	1 %	1,6	↓ :35

③

	%	Personen	
	35 %	160	
:35 ↓	1 %	1,6	↓ :35
·100 ↓	100 %	160	↓ ·100

Der Schachverein hat insgesamt 160 Mitglieder.

c) Prozentsatz: Von insgesamt 160 Mitglieder sind 24 Personen älter als 60 Jahre. Wie viel Prozent sind das?

	Personen	% (gesucht)	
	160	100 %	
:160 ↓	1	0,625 %	↓ :160
·24 ↓	24	0,625 % · 24 = 15 %	↓ ·24

15 % aller Mitglieder sind älter als 60 Jahre.

5. **Kopfrechnen**: Bestimmung des Prozentwertes.
In Einstellungstesten für verschiedene Berufe findest du häufig Aufgaben aus der Prozentrechnung, z. B.:

Berechne im Kopf: 20 % von 240.
Hier kannst du das Dreisatzverfahren etwas vereinfachen:
$100\,\% \triangleq 240 \xrightarrow{:10} 10\,\% \triangleq 24 \xrightarrow{\cdot 2} 20\,\% \triangleq 48.$
Du musst also nicht immer auf 1 zurückgehen wie in 4.

Noch eine andere Aufgabe: 15 % von 300.
$100\,\% \triangleq 300 \xrightarrow{:10} 10\,\% \triangleq 30 \xrightarrow{:2} 5\,\% \triangleq 15$
$30 + 15 = 45.$

Zum Schluss noch eine Variante: 25 % von 64.
$100\,\% \triangleq 64 \xrightarrow{:4} 25\,\% \triangleq 16.$
Das ist sogar nur ein Zweisatz!
Benutze die Aufgaben 6 und 7 zur Vorbereitung auf einen Einstellungstest!

Übungen

1 Berechne mit dem Operator den Prozentwert (W).

a) $200\,€ \xrightarrow{\cdot 0{,}06}$ *200 € · 0,06 = 12 €* (Pfeilbild)
G p% W

b) Grundwert: 84 m; Prozentsatz: 20 %

c) 8 % von 500 €
G = , p% = , W =

d) G = 45 kg; p% = 15 %

e) $\frac{4}{5}$ von 260 €

G = , p% = , W =

2 Berechne den Grundwert (G). Zeichne jeweils ein Pfeilbild.

a) 20 % sind 180 m.

$\xleftarrow{:0,2}$ 180 m

G p% W

G =

b) 22 % sind 132 €.

c)

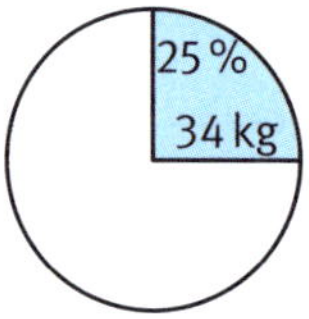

3 Berechne mit dem Dreisatz die fehlende Größe.

	a)	b)	c)	d)	e)	f)
Grundwert	250 €		800 m		4100 g	2 m
Prozentsatz	8 %	60 %		84 %	56 %	
Prozentwert		180 kg	336 m	126 €		17 cm

Platz für Nebenrechnungen:

4 Zur 100-Jahrfeier der Französischen Revolution wurde 1889 in Paris eine Weltaustellung ausgerichtet. Von 1887 – 1889 wurde dazu als Wahrzeichen der Eiffelturm gebaut (benannt nach Gustave Eiffel). Dieser Turm war damals das höchste Bauwerk der Erde. **(Runde bei allen folgenden Aufgaben auf ganze Meter und berechne alle Aufgaben mit dem Dreisatz.)**

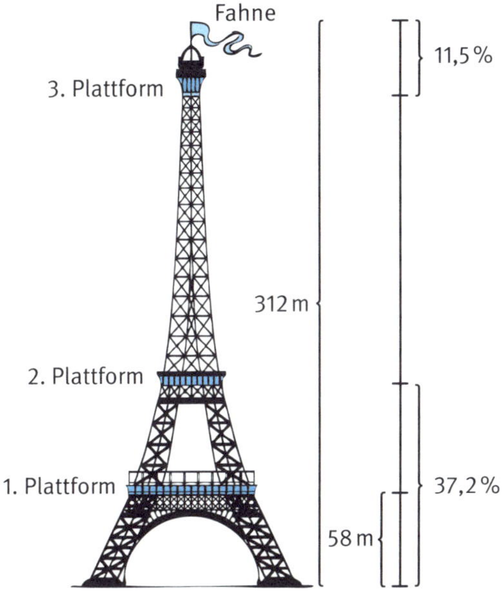

a) Wie viel Meter hoch liegt die 2. Plattform?

b) Von der 2. Plattform aus erreicht man die 3. Plattform nur mit einem Aufzug. Wie viele Meter liegt der Aufzug bei dieser Fahrt zurück?

c) 1957 wurde der Eiffelturm durch neue Sendemasten um 3,8 % an der Spitze vergrößert. Seitdem hat sich seine Höhe nicht mehr verändert. Wie hoch ist der Eiffelturm heute?

5 Südamerika hat eine Landfläche von ca. 18 Mio. km^2.
1899 schlossen die sogenannten A-B-C-Staaten einen Vertrag, um sich im Kriegsfall gegenseitig zu unterstützen.

a) Der Flächenanteil von Brasilien beträgt ungefähr 47 %, der von Chile etwa 4 %.
Berechne daraus jeweils den Flächeninhalt in Mio. km^2.

b) Die Fläche von Argentinien beträgt ca. 2,79 Mio. km^2.
Berechne den Prozentsatz (prozentualen Anteil).

c) Färbe die prozentualen Anteile von Argentinien, Brasilien, Chile und den sonstigen südamerikanischen Ländern auf dem Prozentstreifen.

6 Bestimme die Prozentwerte im Kopf.

	a)	b)	c)	d)	e)	f)
Grundwert	300 €	120 €	700 €	800 €	80 €	200 €
Prozentsatz	10 %	20 %	50 %	25 %	75 %	15 %
Prozentwert						

Tipp Bei bequemen Prozentsätzen wie in Aufgabe 6 kannst du den Prozentwert wie folgt im Kopf ausrechnen:

10 % → Grundwert durch 10 teilen
20 % → Grundwert durch 10 teilen, dann mit 2 malnehmen
50 % → Grundwert durch 2 teilen
25 % → Grundwert durch 4 teilen
75 % → Grundwert durch 4 teilen, dann mit 3 malnehmen
5 % → Grundwert durch 10 teilen, dann noch einmal durch 2 teilen
15 % → Grundwert durch 10 teilen (≙ 10 %), dann noch einmal durch 2 teilen (≙ 5 %), danach beide Zwischenergebnisse addieren
30 % → Grundwert durch 10 teilen, dann mit 3 malnehmen

7 Bestimme die Prozentwerte im Kopf.

	10 %	**30 %**	**5 %**	**25 %**	**20 %**	**50 %**	**75 %**	**4 %**
a) 600 €								
b) 240 m								

8 Eine Befragung unter 800 Jugendlichen (12 – 18 Jahre) ergab zum Besitz von Mediengeräten folgendes Ergebnis:

Gerät	Handy	Computer	MP3-Player	Smartphone	Tablet
Prozentsatz	96 %		82 %	25 %	
Anzahl der Besitzer		632			64

a) Berechne die fehlenden Werte mit dem Dreisatz.

b) Wie viele der genannten 5 Mediengeräte besitzt jeder befragte Jugendliche im Durchschnitt?

Fehler-Check

1 Gib zu den Pfeilbildern die gegebenen Größen (Prozentwert W, Prozentsatz p%, Grundwert G) an und berechne den gesuchten Wert mit dem Operator.

a) $240\,€ \xrightarrow{\cdot 12\,\%} W$

b) $G \xrightarrow{\cdot 60\,\%} 150\,\text{km}$

c) $G \xleftarrow{:40\,\%} 12$ Schüler

2 Berechne mit dem Dreisatz.

	a)	b)	c)
G		7200 kg	50 m
p%	4 %	35 %	
W	38 €		6,5 m

3 Ein Spielfilm auf DVD kostet im Handel 19,98 €. Im Online-Versand sparst du 30 %.

a) Berechne den Online-Preis mit dem Dreisatz.

b) Bestimme deine Ersparnis im Kopf. Runde dazu den Handelspreis auf 20 €.

	0 – 1 Fehler	2 Fehler	mehr als 2 Fehler
Fehler	Super!	In Ordnung!	Bitte noch einmal üben!

3 Vermehrter und verminderter Grundwert

1. Frau Hauser verdient 2520 €. Ab dem nächsten Jahr bekommt sie 3,5 % mehr Lohn. Wie hoch ist ihr neuer Lohn?

3,5 % → Faktor 1,35 **f (1,035)**

Neuer Lohn: 2520 € · 1,35 = 3402 € **f (2608,20 €)** **I**

2. Ergänze die fehlenden Größen:

Alter Preis	Prozentfaktor	Preisveränderung +/− in €	Neuer Preis
325 €	1,12	*34,82 €*	*290,18 €*

Neu: 325 € : 1,12 = 290,18 € **f**

325 − 290,18 = 34,82 € **f hier müsste die Preisänderung negativ sein** **II**

Regeln

1. **Grundwert vermehren**

Beispiel: Ein Fahrrad kostet 449 €.
Der Preis wird in einer Woche um 6 % erhöht.
Wie viel Euro kostet das Fahrrad nach der Preiserhöhung?

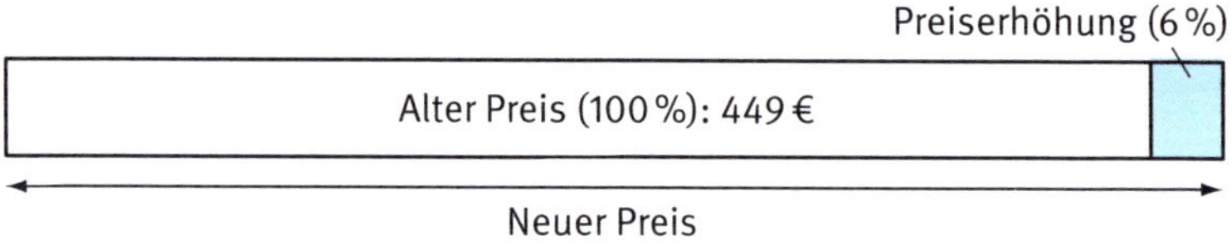

a) Berechnung der Preiserhöhung:

$$6\,\% \text{ von } 449\,€ = 449\,€ \cdot \frac{6}{100} = 449\,€ \cdot 0{,}06 = 26{,}94\,€$$

b) Berechnung des neuen Preises:

449 €	+	26,94 €	=	475,94 €
Alter Preis		Preiserhöhung		Neuer Preis

2. Vermehrter Grundwert und der Prozentfaktor

Der Prozentfaktor in 1. beträgt: 100 % + 6 % = 106 % = 1,06.
Mit dem Prozentfaktor 1,06 kannst du den neuen Preis **in einem Schritt** aus dem alten Preis berechnen:

Alter Preis	·	**Prozentfaktor**	=	**Neuer Preis**
449 €	·	1,06	=	475,94 €

3. Grundwert vermindern

Beispiel: Eine Urlaubsreise nach Mallorca kostet 520 €. Durch den Frühbucher-Rabatt verbilligt sie sich um 17 %. Wie teuer ist die Reise dann?

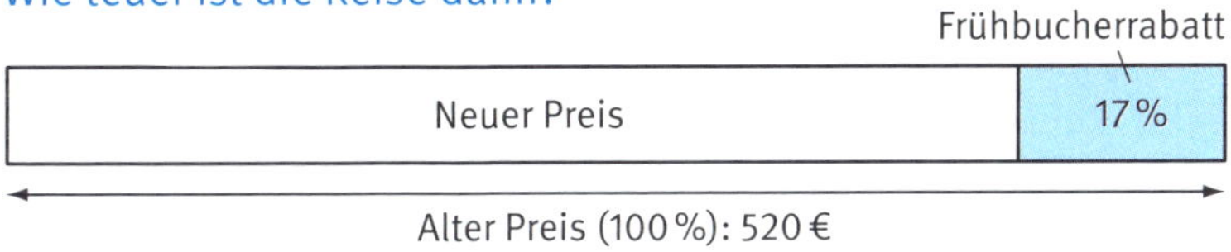

a) Berechnung des Frühbucher-Rabatts (Verminderung):

$$17\,\% \text{ von } 520\,€ = 520\,€ \cdot \frac{17}{100}$$
$$= 520\,€ \cdot 0{,}17$$
$$= 88{,}40\,€$$

b) Berechnung des neuen Preises:

520 €	–	88,40 €	=	431,60 €
Alter Preis		Frühbucher-Rabatt		Neuer Preis

4. Verminderter Grundwert und der Prozentfaktor

Der Prozentfaktor in 3. beträgt: 100 % – 17 % = 83 % = 0,83.
Der neue Preis (verminderter Grundwert) ergibt sich damit wie folgt:

Alter Preis	·	**Prozentfaktor**	=	**Neuer Preis**
520 €	·	0,83	=	431,60 €

5. Die Verbindung vom vermehrten/verminderten Grundwert und dem Prozentfaktor.

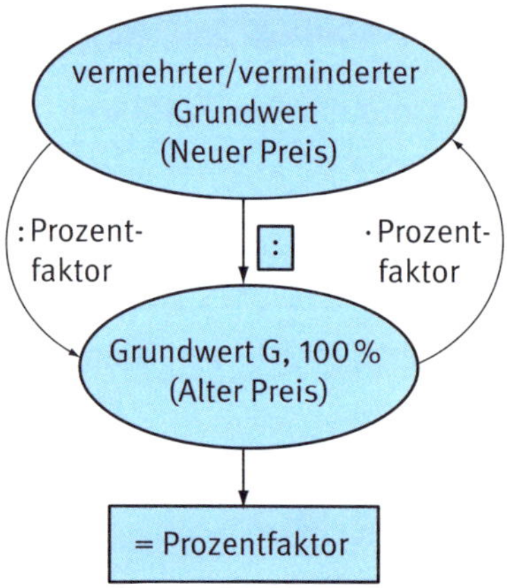

6. **Rechnen mit der Mehrwertsteuer (MwSt.)**
Für viele Geräte und Dienstleistungen müssen in Deutschland im Jahr 2013 19 % Mehrwertsteuer zusätzlich bezahlt werden.
Beispiel: Ein Fehrnseher mit Flachbildschirm kostet im Elektrogroßmarkt 833 € (mit MwSt.).
Der Preis setzt sich aus zwei Anteilen zusammen:

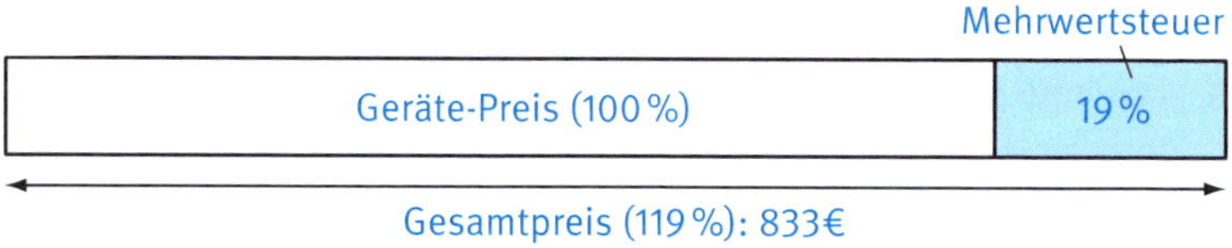

Der Gesamtpreis von 833 € ist der vermehrte Grundwert. Du erhältst den Geräte-Preis (100 %) wie folgt: 833 € : 1,19 = **700 €**
(**Prozentfaktor** aus 119 %)

Die Mehrwertsteuer ergibt sich so: 833 € – 700 € = **133 €**.

Übungen

1 Berechne die Preiserhöhung und den neuen Preis in €. Runde auf Cent.

Tipp

Runden auf Cent bei Geldwerten:
Bei Beträgen wie 1,689 €; 15,3745 €; 124,495 € rundest du so auf Cent:

100 €	10 €	1 €	10 ct	1 ct	$\frac{1}{10}$ ct	$\frac{1}{100}$ ct	$\frac{1}{1000}$ ct
		1	6	8	9		
	1	5	3	7	4	5	
1	2	4	4	9	5		

Rundungsstelle (1 ct) — Stelle hinter der Rundungsstelle ($\frac{1}{10}$ ct)

Abrunden: Die Rundungsstelle wird beibehalten, wenn die nächstkleinere Stelle eine 0, 1, 2, 3 oder eine 4 ist.
Aufrunden: Die Rundungsstelle wird um 1 erhöht, wenn die nächstkleinere Stelle eine 5, 6, 7, 8 oder eine 9 ist.
Ist die Rundungsstelle eine 9, wird **beim Aufrunden** aus der 9 eine 0 und die **nächsthöhere Stelle** wird **um 1 erhöht**.
Beispiele:
1,689 € ≈ 1,69 €; 15,3745 € ≈ 15,37 €; 124,495 € ≈ 124,50 €

	a)	b)	c)	d)	e)
Alter Preis	75 €	220 €	37,50 €	2,10 €	0,45 €
Erhöhung in %	8 %	6 %	12 %	9 %	6,5 %
Erhöhung in €					
Neuer Preis					

2 Berechne mit dem Prozentfaktor den neuen Preis.

a) Alter Preis: 485 €; Preiserhöhung: 12 %

b) Alter Preis: 2564 €; Preiserhöhung: 2,3 %

c) Alter Preis: 12,50 €; Preiserhöhung: 5,25 %

3 Berechne die fehlenden Werte.

	a)	b)	c)	d)
Alter Preis	265 €		520 €	
Prozentfaktor (Erhöhung)	1,15	1,04		
Preiserhöhung in €				6 €
Neuer Preis		312 €	556,40 €	126 €

4 Berechne den vermehrten oder verminderten Grundwert.

a) Eine Getränkedose hat den Flüssigkeitsinhalt von 330 ml. Damit Druckschwankungen ausgeglichen werden können, besitzen solche Dosen noch ein zusätzliches Volumen von ca. 3,6 %, bezogen auf die Flüssigkeitsmenge. Wie groß ist der Prozentfaktor und das gesamte Volumen der Dose?

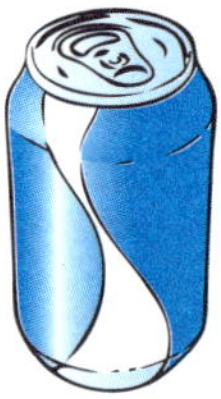

b) Sechs 0,33-l-Dosen kosten im Handel 3,48 €. In einer Aktionswoche werden die Preise um 16 % gesenkt. Berechne den neuen Preis mit dem Prozentfaktor.

c) Nach der Aktionswoche werden die Preise um 16 % erhöht.
Wie hoch liegt dann der neue Verkaufspreis?
Bestimme auch den Prozentfaktor.

5 Berechne die Preissenkung und den neuen/alten Preis in €.
Runde auf Cent.

	a)	b)	c)	d)	e)
Alter Preis	50 €	80 €	200 €		450 €
Prozentfaktor (Verminderung)	0,9		0,975		
Preissenkung in €				12 €	90 €
Neuer Preis		76 €		84 €	

6 Bei einer Versteigerung wird eine Briefmarke 7,5 % unter dem geschätzten Wert für 240,50 € verkauft. Wie hoch lag der Schätzwert?

7 Der Neupreis für ein Auto liegt bei 11 990 € (mit Mehrwertsteuer).

Mehrwertsteuersätze in Europa 2013	
Belgien	21 %
Deutschland	19 %
Frankreich	19,6 %
Griechenland	23 %
Italien	21 %
Luxemburg	15 %
Österreich	20 %
Schweiz	8 %

a) Wie hoch ist die Mehrwertsteuer (in Deutschland) in €?

b) Wie viel € beträgt der Pkw-Preis ohne Mehrwertsteuer?

c) Um wie viel € wäre das Auto bei gleichem Preis ohne Mehrwertsteuer in Luxemburg billiger als in Deutschland?

8 Der Preis für 1 Liter Benzin setzt sich aus verschiedenen Teilen zusammen:

- Mineralölsteuer 0,655 €
- Einkaufspreis (Benzin) 0,… €
- Kosten Tankstelle, Transport, … 0,10 €
- Gewinn Ölgesellschaft 0,01 €
- zuzügliche Mehrwertsteuer 19 %

Der Preis an der Tankstelle beträgt 1,649€.

a) Wie viel € beträgt die Mehrwertsteuer?

b) Wie hoch ist der Einkaufspreis?

c) Machen die Steuern mehr oder weniger als 50% des Tankstellenpreises aus?

Fehler-Check

1 Herr Hansen verdient 2480 €. Ab dem nächsten Jahr bekommt er 3,5 % mehr Lohn.
Wie hoch ist sein neuer Lohn?

2 Ergänze die fehlenden Größen.

	a)	b)	c)
Alter Preis	325 €	164 €	
Prozentfaktor	1,12	0,85	0,78
Preisveränderung +/– in €			
Neuer Preis			1950 €

3 Ein Kleiderschrank kostet ohne Mehrwertsteuer 442 €.
Wenn du innerhalb von 14 Tagen überweist, darfst du vom Gesamtbetrag 3 % abziehen.
Wie viel € musst du in deiner Online-Überweisung eintragen?

☐ Fehler	0 – 1 Fehler	2 Fehler	mehr als 2 Fehler
	Super!	In Ordnung!	Bitte noch einmal üben!

4 Prozentsätze und Diagramme

1. Eine Möbelgeschäft verkauft im Jahr 150 Schreibtische.
Diese werden in vier Anfertigungen hergestellt.
Die Verkaufszahlen ergeben sich aus dem Diagramm.
Wie viele Tische mit der Farbe Buche wurden verkauft?

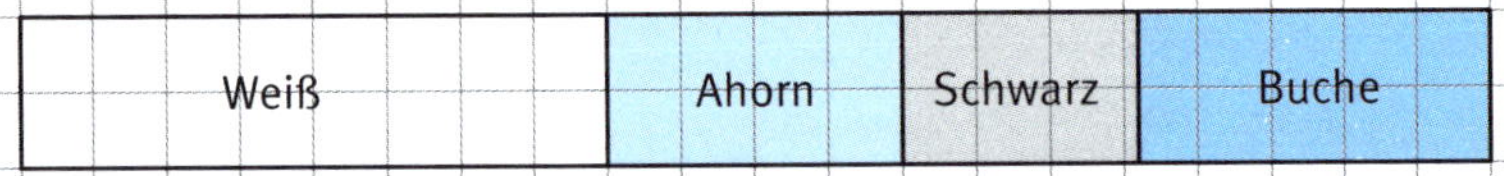

Buche: 2,4 cm   ~~2,4 · 150 = 360~~ Tische (Das kann nicht sein.) **I**
2,4 also 24 %, d. h. 24 Schreibtische.

✓ **f (Der Grundwert beträgt 150.)**

2. Europa ist ein kleiner Kontinent. Seine Fläche beträgt 7 % vom gesamten Festland der Erde. Trage den Flächenanteil in ein Kreisdiagramm ein. **I**

7 % → 7° **f (1 % ≙ 3,6°)**

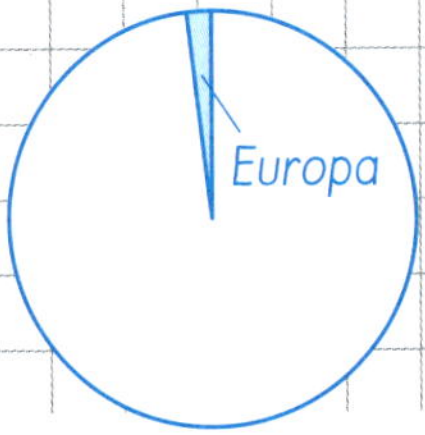

Regeln

1. **Streifendiagramm:** Das Streifendiagramm hast du schon in Kapitel 1 als Prozentstreifen kennengelernt. Der Prozentstreifen ist 1 cm breit und 10 cm lang. 1 mm entspricht 1 %.

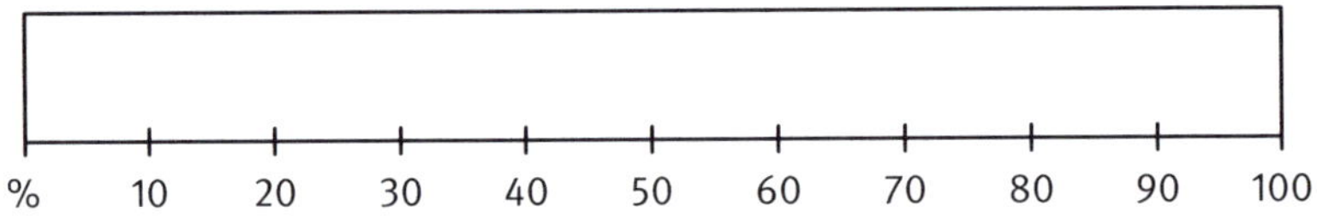

Beispiel:

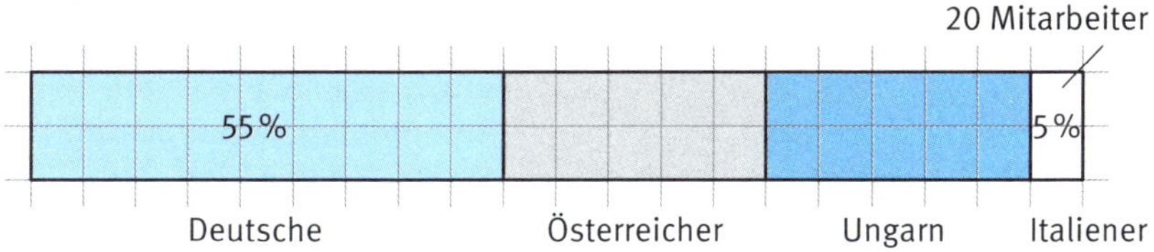

Die Mitarbeiter eines Betriebes in Süddeutschland verteilen sich wie im Prozentstreifen angegeben.
Bestimme die fehlenden Prozentsätze und Prozentwerte.

Deutsche	55 %	220 Mitarbeiter
Österreicher	25 %	100 Mitarbeiter
Ungarn	15 %	60 Mitarbeiter
Italiener	*5 %*	*20 Mitarbeiter*
Gesamt	*100 %*	400 Mitarbeiter

Die Prozentsätze können mit einem Lineal gemessen werden, z. B.: 4,7 cm ≙ 47 %.
Die Prozentwerte werden danach berechnet, z. B. über den Dreisatz.
Den Prozentstreifen kannst du auch zur **Doppelskala** erweitern.
Dort hast du mehr **Vergleichsmöglichkeiten**.

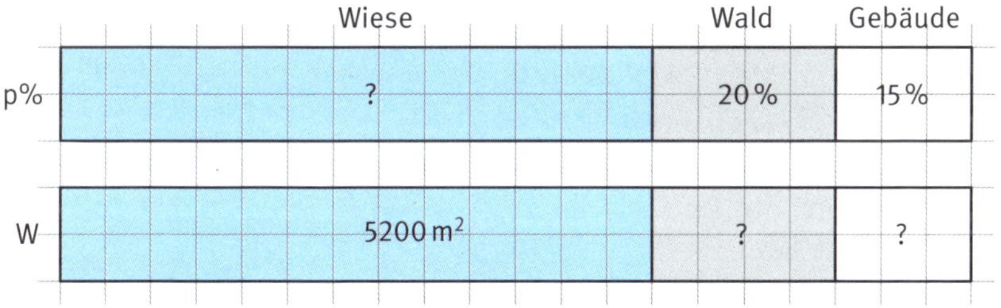

Ein Bauernhof hat die oben angegebenen drei Flächenanteile.
p % (Wiese) = 100 % – 20 % – 15 % = 65 %
W (Wald) kannst du mit dem Dreisatz ausrechnen oder aus der Doppelskala bestimmen:

Dreisatz

	p%	W	
	65 %	5200 m²	
:65 ↓	1 %	80 m²	↓ :65
·20 ↓	20 %	1600 m²	↓ ·20

Doppelskala

13 Rechenkästchen (Länge) ≙ 5200 m²

1 Rechenkästchen ≙ 400 m²

4 Rechenkästchen ≙ 1600 m²

W (Gebäude) = 400 m² · 3 (Rechenkästchen) = 1200 m²

Den Grundwert G, die Gesamtfläche findest du leicht durch die Addition der drei verschiedenen Prozentwerte W:
$G = 5200\,m^2 + 1600\,m^2 + 1200\,m^2 = 8000\,m^2$

2. **Kreisdiagramm**

Diese Darstellungsart kommt bei statistischen Betrachungen am häufigsten vor. Oft werden prozentuale Anteile (p %) mit absoluten Anteilen (W) verglichen.
Sehr einfach kannst du Kreisdiagramme herstellen, wenn der Kreis schon in Prozentteile (1 %) eingeteilt ist:

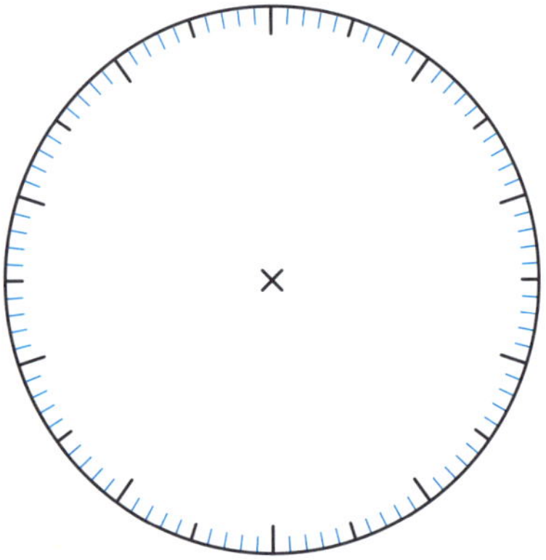

Beispiel: Eismenge auf der Erde
Antarktis: 89 %, Grönland: 10 %, Sonstige: 1 %
Trage zuerst oben eine Nulllinie ① ein. Zähle dann mit den Uhrzeigersinn ② bis du zu 89 % für die Antarktis kommst. Markiere diesen Anteil ③. Danach trägst du 10 % für Grönland ab und markierst auch diese ④. Schreibe dann die Informationen in die Kreissektoren oder an den Rand ⑤. Gib dem Diagramm einen Namen ⑥.

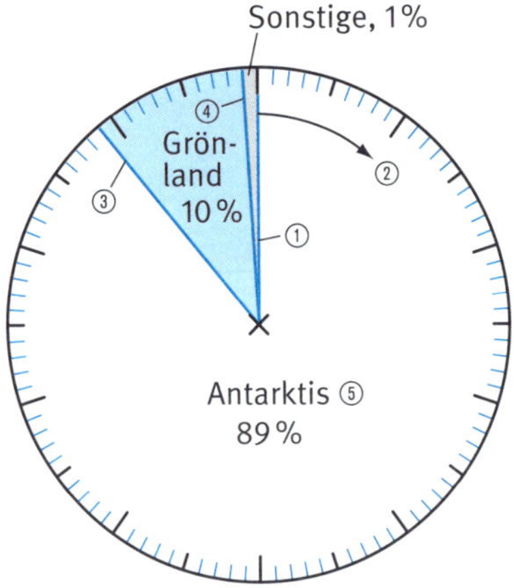

Eismenge auf der Erde ⑥

Wenn du das Kreisdiagramm selbst zeichnen musst, dann ist der Aufwand größer als im vorhergehenden Beispiel.
Zuerst wird der Mittelpunkt eingetragen ①. Dann zeichnest du einen Kreis mit dem Radius $r = 2{,}5\,cm$ ②. Für größere Diagramme kannst du auch den Radius $r = 5\,cm$ wählen. Die Nulllinie ③ zeichnest du nach oben.

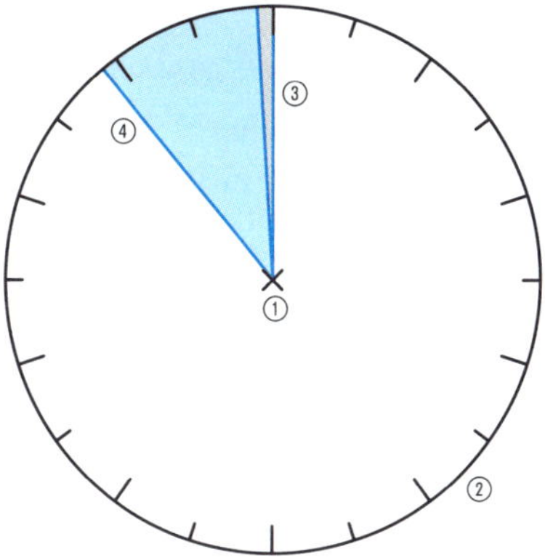

Jetzt folgt die Rechnung, du wandelst die Prozentsätze in Winkelgrößen um:

Antarktis	89 %	→	320,4°	≈ 320°
Grönland	10 %	→	36°	
Sonstige	1 %	→	3,6°	≈ 4°
Gesamt	100 %	$\xrightarrow{\cdot 3{,}6}$	360°	

Die Winkel erhältst du durch die Multiplikation mit 3,6.
Du rundest dann alle Winkel auf 1°.
Danach kannst du alle drei Winkel im Kreis oben eintragen ④.
Zum Schluss wird alles beschriftet.

Tipp Winkel zeichnen mit dem Geodreieck

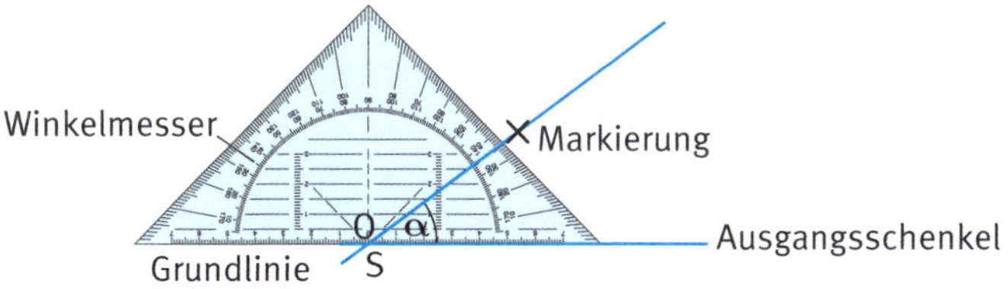

1. Die Grundlinie des Geodreiecks wird auf den Ausgangsschenkel angelegt.
2. Den Nullpunkt 0 verschiebst du in dem Anfangspunkt S des Ausgangsschenkels.
   (Beim Kreisdiagramm ist das der Mittelpunkt des Kreises.)

3. Mit dem Winkelmesser wird der Winkel α gemessen und markiert.
4. Der Punkt S und die Markierung werden mit dem Geodreieck verbunden. Jetzt ist ein Winkelfeld mit zwei Schenkeln und dem Winkel α entstanden.

3. **Säulendiagramme**

Säulendiagramme werden selten als Darstellungsmittel im Zusammenhang mit Prozentsätzen gewählt.

Beispiel: Der Vergleich von Einwohnerzahlen (E) und Flächeninhalten (F) einiger Bundesländer in Deutschland.

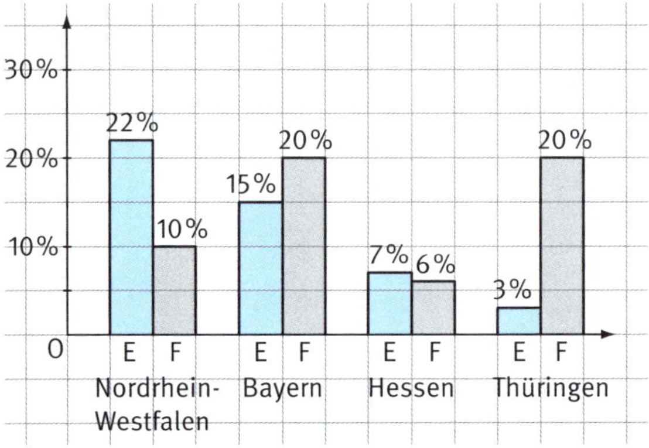

4. **Hunderterfeld**

Darstellungen im Hunderterfeld lassen Vergleiche durch das Abzählen zu (und durch das Abschätzen der jeweiligen Flächen)

Beispiel: Die Verteilung der Weltbevölkerung auf die Kontinente im Jahr 1955 (prozentual).

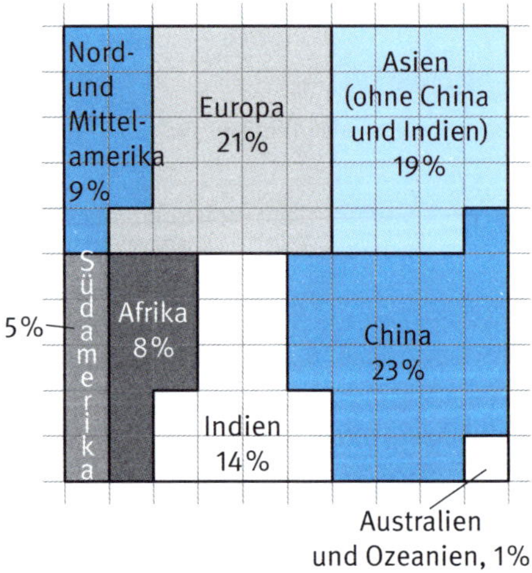

Übungen

1 4000 Personen wurden in einer Umfrage nach ihrem Reiseverkehrsmittel befragt, mit dem sie zu ihrem Urlaubsort kommen.
(1 % machte keine Angaben.)

Pkw	Flugzeug	Bahn	Bus	Schiff	Wohnmobil
51 %	39 %	3 %	2 %	2 %	2 %

Stelle das Ergebnis in einem Streifendiagramm dar.

2 Im Jahr 2011 sind auf der ganzen Welt 2700 t Gold gefördert worden.
Die Verteilung auf einzelne Länder siehst du im Streifendiagramm.

1 kg Platin: 38 000 €
1 kg Gold: 39 000 €
1 kg Silber: 680 €

a) Wie viel Prozent haben die Großmächte USA, Russland und China zusammen gefördert?

b) Wie viel Tonnen Gold haben China und Australien gefördert?

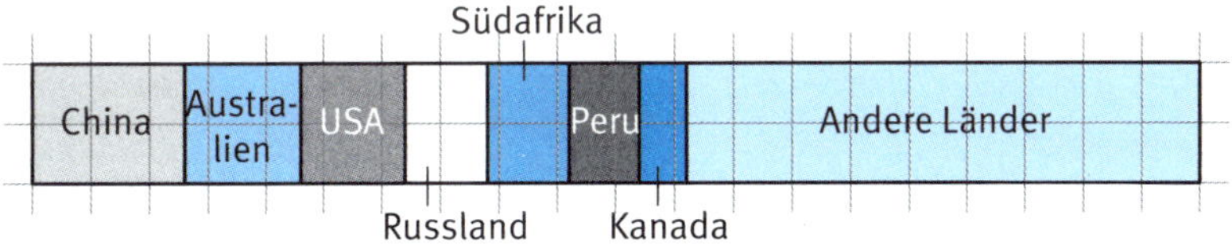

3 1914 wurde in Mittelamerika der Panamakanal eröffnet. Er hat eine Länge von 81,6 km. Die Durchfahrzeit für Schiffe beträgt ca. 15 Stunden. Während der Fahrt werden drei große Schleusenanlagen passiert.

a) Bis 1914 war der Schiffsweg von New York–San Francisco (Route 1) 24 500 km lang.
Mit dem Panamakanal konnten dann 60 % des Weges eingespart werden (Route 2). Wie viel km war die Route 2 lang?

b) Die verschiedenen Schleusenabschnitte siehst du im Streifendiagramm.

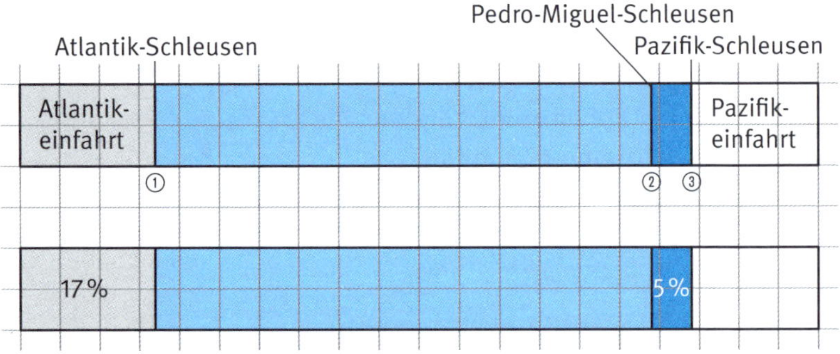

Trage durch Messung und Berechnung alle fehlenden Prozentsätze und Prozentwerte in die Doppelskala oben ein.

4 Die Republik Schweiz grenzt an fünf Staaten: Italien, Frankreich, Deutschland, Österreich und Liechtenstein. 8 Millionen Einwohner leben in der Schweiz. Die dort gesprochenen Sprachen verteilen sich folgendermaßen:

Sprache	%	W
Deutsch	64 %	
Französisch	20 %	
Italienisch	7 %	560 000
Rätoromanisch	1 %	
andere Sprachen	8 %	

a) Trage die Verteilung der Sprachen in das Kreisdiagramm ein.

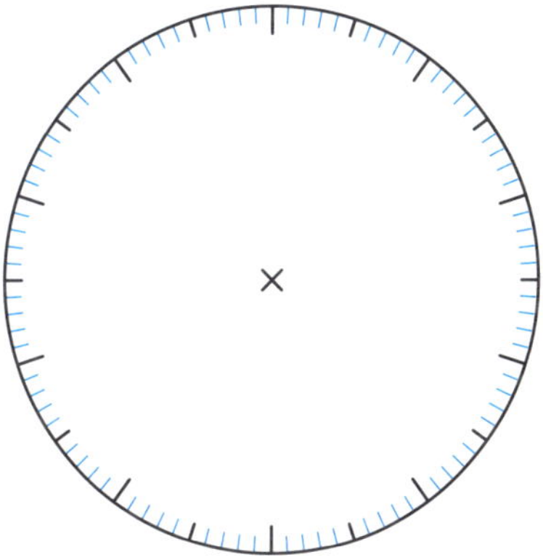

b) Berechne die noch fehlenden Prozentwerte der Tabelle.

5 Die Stromerzeugung wird sich in Deutschland zukünftig verändern. Im Jahr 2012 wurden folgende Energieträger dafür genutzt:

Braunkohle	26 %
Steinkohle	19 %
Kernenergie	16 %
Erdgas	11 %
Erdöl	2 %
Regenerative Energie	22 %
Sonstige	4 %

a) Berechne für ein Kreisdiagramm die Winkel der jeweiligen Energieträger entsprechend ihrer Prozentzahlen. (Runde auf ganze Grad.)

b) Zeichne in dein Heft einen Kreis mit dem Radius $r = 5\,\text{cm}$ und übertrage die berechneten Winkel von a) in ein Kreisdiagramm.

6 Das Verkehrsverhalten in Deutschland kannst du dem Streifendiagramm entnehmen.

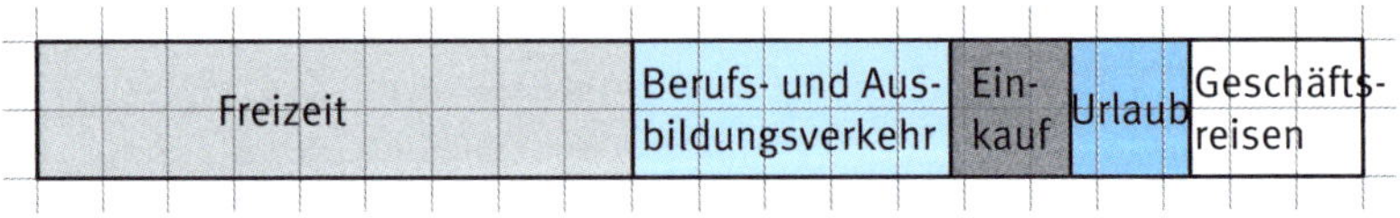

a) Trage unter das Streifendiagramm die jeweiligen Prozentsätze ein.

b) Ergänze das abgebildete Säulendiagramm mit deinen Angaben aus Teilaufgabe a).

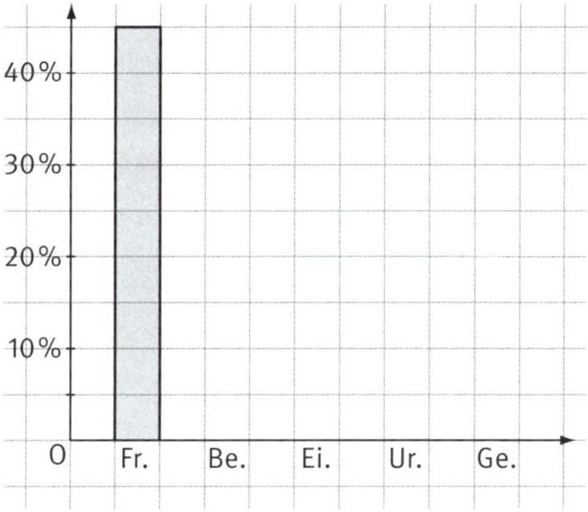

7 Die Flächennutzung in Nordrhein-Westfalen und in Deutschland ist unterschiedlich. Die Prozentzahlen kannst du dem Diagramm und der Tabelle entnehmen.

Flächennutzung Nordrhein-Westfalen

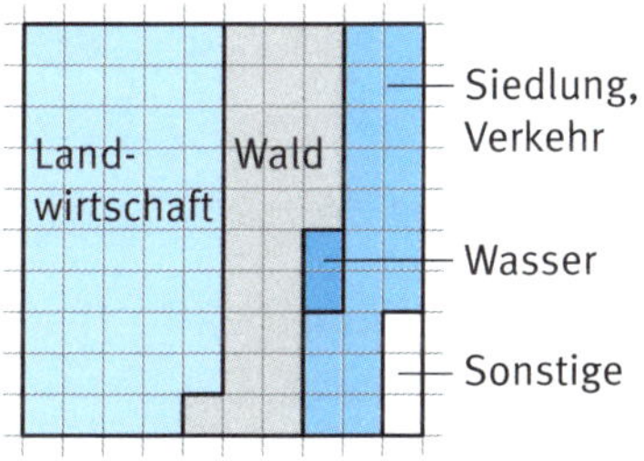

Flächennutzung Deutschland

Landwirtschaft	52 %
Wald	30 %
Wasser	3 %
Siedlung, Verkehr	13 %
Sonstige	2 %

Übertrage die Daten von Deutschland in ein Hunderterfeld. Vergleiche die Werte von Nordrhein-Westfalen und Deutschland und gib den größten Unterschiedswert an. (Welchen Grund gibt es dafür?)

Fehler-Check

1 Ein Möbelgeschäft verkauft im Jahr 150 Schreibtische. Diese werden in vier Ausfertigungen hergestellt. Die Verkaufszahlen ergeben sich aus dem Diagramm. Wie viele Tische mit der Farbe Buche wurden verkauft?

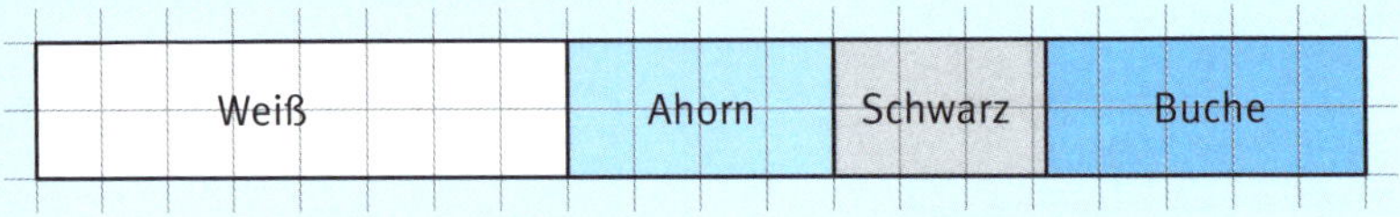

2 Die Anteile der einzelnen Kontinente am gesamten Festland der Erde betragen:

Asien	30 %
Amerika	28 %
Afrika	20 %
Antarktis	9 %
Europa	7 %
Australien	6 %

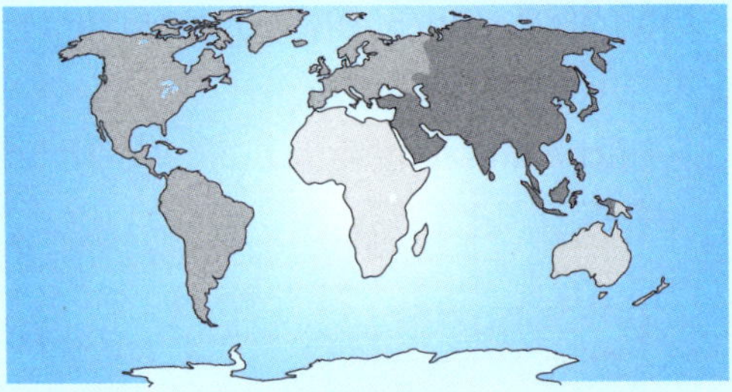

Zeichne in deinem Heft für die Anteile ein Kreisdiagramm.

3 Das Hunderterfeld gibt die Größe der Weltmeere an. Leider fehlen noch einige Daten. Berechne sie.

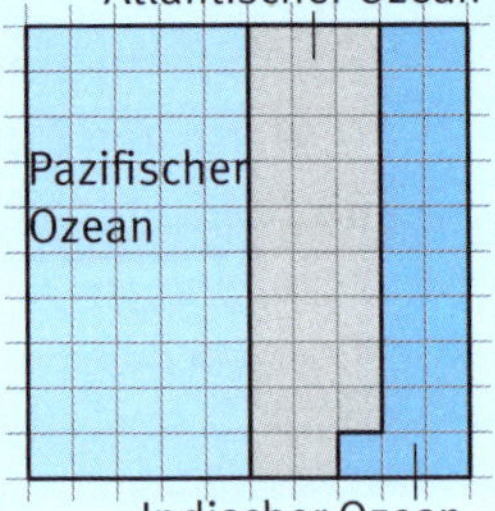

Fehler | 0 – 1 Fehler | 2 Fehler | mehr als 2 Fehler
Super! | In Ordnung! | Bitte noch einmal üben!

Grundgleichung der Prozentrechnung

5

1. Berechne mit der Grundgleichung der Prozentrechnung:
   60 € von 400 €

   Gesucht: p

   ↕ $\frac{400\,€}{60\,€} \approx 6{,}7$ *Der Prozentsatz beträgt 6,7 %.* f

   f $\left(p\,\% = \frac{W}{G}\right)$

   I

2. 6,5 l blaue und 1,5 l gelbe Farbe werden gemischt.
   Wie viel Prozent machen die beiden Anteile in der Mischfarbe Grün aus?

   $G = 6{,}5\,l$ f $\rightarrow p\,\% = \frac{1{,}5\,l}{6{,}5\,l} = 23\,\%$ f (gelb)

   $W = 1{,}5\,l$ $p\,\% = 77\,\%$ (blau)

   II

   f p % (blau) müsste dann 100 % sein, wegen G = 6,5 ℓ

Regeln

1. Die **Grundgleichung der Prozentrechnung** erhältst du anschaulich aus der Doppelskala (Kapitel 4).

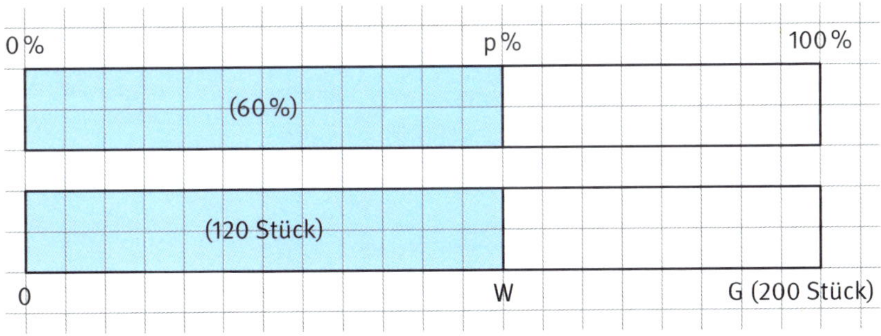

Die obere Skala zeigt die Prozentzahlen an, die untere Skala die Prozentwerte. Die Streifenlängen sind jeweils vergleichbar (z. B.: G und 100 % ⇒ jeweils 10 cm; W und p % ⇒ hier jeweils 6 cm).

Daraus folgt die Grundgleichung der Prozentrechnung:

$$\frac{W}{G} = \frac{P}{100}$$

2. Die Grundgleichung kannst du durch äquivalente (d. h. gleichwertige) Umformungen so verändern, dass du Lösungsformeln für die drei Grundgrößen W, p % und G erhältst.

① $\frac{W}{G} = \frac{p}{\mathbf{100}} \quad | \cdot G$

② $\Leftrightarrow \mathbf{W} = \frac{p}{100} \cdot G \quad \left| \cdot \frac{100}{p}\right.$

③ $\Leftrightarrow W \cdot \frac{100}{p} = \mathbf{G}$

Die Grundgleichung ergibt also folgende Lösungsformeln:

Prozentwert: $W = \frac{p}{100} \cdot G$ ②

Prozentsatz: $\frac{p}{100}\ (= p\,\%) = \frac{W}{G}$ ①

Grundwert: $G = W \cdot \frac{100}{p}$ ③

Beispiele:

a) 6% von 200 € sind:

6 → p, 200 € → G

$W = \frac{6}{100} \cdot 200\,€ = 12\,€$

b) Ein Brief wiegt insgesamt 350 g, der Umschlag wiegt 14 g.

350 g → G, 14 g → W

Wie viel Prozent vom Gesamtgewicht sind das?

$p\,\% = \frac{14\,g}{350\,g} = 0{,}04 = 4\,\%$ ($\cdot 100$)

c) Der Buchhändler sagt, dass er 40 % Gewinn von einem verkauften
↓
p
Buch erhält. Bei einem bestimmten Buch sind das 7,56 €.
↓
W
(Er muss davon allerdings alle seine Kosten tragen!).
Wie teuer ist der Verkaufspreis des Buches?

$$G = 7{,}56\,€ \cdot \frac{100}{40} = 18{,}90\,€$$

3. Eine Alternative (neben dem Dreisatz) zur Grundgleichung der Prozentrechnung ist das Rechenkreuz. Die Aufstellung des Rechenkreuzes ist vergleichsweise einfach.

Beispiele:

a) 14 % von 250 €

100 %	250 €
14 %	x

Links werden die Prozentzahlen festgehalten, rechts schreibst du die Prozentwerte auf.
Die beiden diagonal gegenüberliegenden Werte (14 % und 250 €) werden multipliziert und dann durch den einzelnen Wert (100 %) dividiert.

$$x = \frac{14\,\% \cdot 250\,€}{100\,\%} = 35\,€$$

b) 24 € von 80 €

100 %	80 €
x	24 €

$$x = \frac{100\,\% \cdot 24\,€}{80\,€} = 30\,\%$$

Übungen

1 Berechne mit der Grundgleichung.

a) 12 % von 480 m

b) 5,5 % von 1250 €

c) 14 g von 30 g

d) 0,75 l von 5 l

e) 2,5 % sind 300 €

f) 2 % sind 68,4 g

2 Ein neugeborener afrikanischer Elefant wiegt 120 kg.
Das sind ungefähr 3 % vom Gewicht eines erwachsenen afrikanischen Elefanten. Wie schwer ist ein erwachsener afrikanischer Elefant?

3 Die Straßen in Deutschland sind wie folgt verteilt:

Autobahnen:	12 800 km
Straßen außerorts:	231 000 km
Straßen in Städten und Gemeinden:	457 200 km

Berechne die prozentuale Verteilung. (Runde auf eine Nachkommastelle.)

4 Der Lieserpfad ist ein Wanderweg in der Vulkaneifel. Er beginnt in der Stadt Daun und führt entlang des Flusses Lieser über die Städte Manderscheid und Wittlich. Von dort geht es weiter bis zur Moselmündung beim Ort Lieser. Der Weg ist auch deswegen so beliebt, weil er die ersten 50 km lang immer abwärts verläuft. Hier noch einige Daten:

	Kilometerzahl	Höhe	Einwohner
Daun	0 km	430 m	8000
Manderscheid	17 km	380 m	1300
Wittlich	43 km	160 m	17 900
Lieser	59 km	110 m	1200

a) Der Wegabschnitt von Manderscheid nach Wittlich ist der längste. Wie viel Prozent macht er aus?

b) Wie groß ist der Höhenunterschied auf dem ganzen Weg? Wie viel Prozent davon werden auf dem 1. Teil (Daun – Manderscheid) zurückgelegt?

c) Für die 1. Etappe benötigst du etwa 3,5 Stunden. Das entspricht 29 % von der Gesamtzeit für 59 km. Wie viel Zeit musst du für den Gesamtweg einplanen?

5 1830 ist das Königreich Belgien neu gegründet worden. Bis heute haben sich daraus drei Sprachgebiete gebildet: Niederländisch, Französisch und Deutsch.
Das östliche Gebiet von Belgien ist in drei Kantone eingeteilt: Eupen, Malmedy und St. Vith. In Eupen und St. Vith wird hauptsächlich Deutsch gesprochen. Die Einwohnerzahl beträgt in diesen beiden Kantonen zusammen 73 675.
In Malmedy ist die Hauptsprache Französisch.
Der Bevölkerungsanteil im Kanton Malmedy beträgt 20,7 % von der Gesamtzahl aller Einwohner in den drei Ostkantonen.

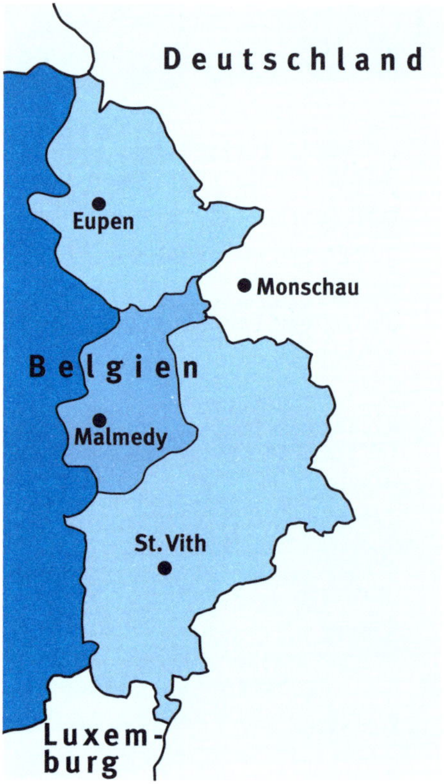

a) Wie viele Einwohner hat das Kanton Malmedy?

b) Belgien besitzt fast 11 000 000 Einwohner. 60 % sprechen Niederländisch, 39,3 % Französisch, der Rest Deutsch. Französisch ist die Amtssprache in Belgien.
Wie viele Personen sprechen Französisch?

6 Am 14.10.2012 hat Felix Baumgartner mit einem Stratosphärensprung die Schallmauer durchbrochen. Er stieg mit einem Heliumballon auf und sprang in einer Höhe von fast 40 km aus der Kapsel des Ballons bei ca. –10 °C. Der Sprung verlief wie folgt:

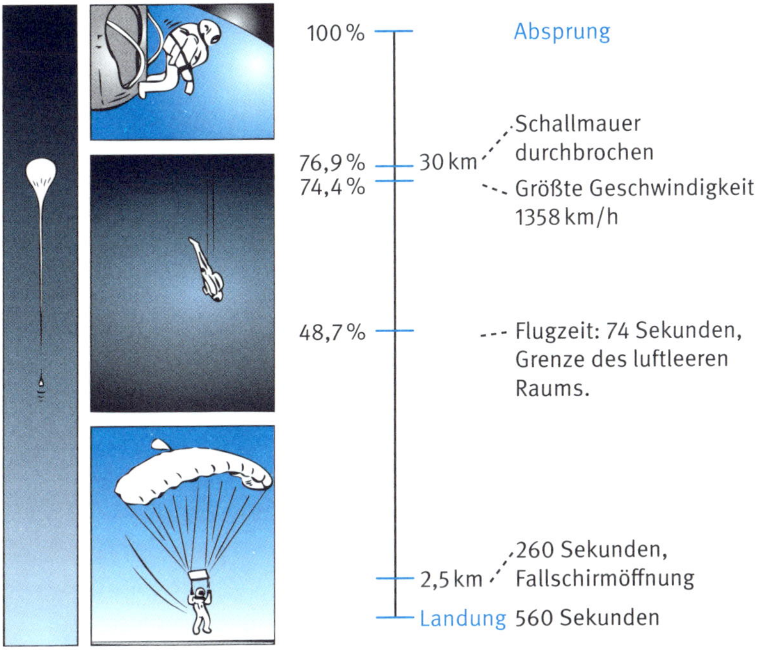

a) Aus welcher Höhe ist F. Baumgartner abgesprungen?

b) Bei welcher Höhe wurde die größte Geschwindigkeit erreicht?

c) Nach wie viel km Flug ist die Grenze des luftleeren Raumes erreicht?

d) Die Bremsphase mit dem Fallschirm beginnt in einer Höhe von 2,5 km. Wie viel Prozent macht dieser Weg noch aus?

Fehler-Check

1 Ergänze die fehlenden Werte.

Grundwert	Prozentwert	Prozentsatz
400 €	60 €	
	1820 m	26 %
520 g		7,5 %

2 4,5 l gelbe Farbe und 3,5 l rote Farbe werden zu Orange gemischt. Wie viel Prozent machen die beiden Anteile aus?

3 Victoria hat von ihrem Konto Geld abgehoben. Ihr Kontostand lautet jetzt 1534,24 €. Das sind 89,2 % ihres alten Kontostandes. Wie hoch war der alte Kontostand?

☐ Fehler	0 – 1 Fehler	2 Fehler	mehr als 2 Fehler
	Super!	In Ordnung!	Bitte noch einmal üben!

Prozentrechnung im Alltag: Brutto – Netto, Rabatt – Skonto

1. Dein Erdkundeatlas kostet 39,80€ mit 7 % Mehrwertsteuer. Wie viel Euro beträgt die Mehrwertsteuer?

   7 % von 39,80 € = 39,80 € · 0,07 = 2,79 €

   Antwort: die Mehrwertsteuer beträgt 2,79 €.

   f Zuerst den Nettopreis berechnen

2. Im Elektromarkt findest du eine Stehlampe im Sonderangebot: Wie teuer ist die Lampe?

299 €, jetzt mit 40 % Rabatt
Bei Barzahlung zusätzlich 2%.

   40 + 2 = 42 f Die Rabatte werden nacheinander gewährt.

   $299 \cdot \frac{42}{100} = 125{,}58$ €

   f Das kann höchstens die Ersparnis sein.

Regeln

1. **Brutto** (ital.: roh, ohne Abzug) ist ein Begriff, der beim Gewicht einer Handelsware benutzt wird. Eine gefüllte Konservendose wiegt 896 g. Das ist das Bruttogewicht. Auf der Banderole der Dose ist der Inhalt aufgedruckt, 800 g. Das Inhaltsgewicht wird Nettogewicht genannt. (**Netto:** (ital.): rein ohne Abzug). Die leere Konservendose wiegt also 96 g. Das wurde früher Taragewicht genannt.

800 g	+	96 g	=	896 g
Netto		Tara		Brutto
Gewicht der Ware ohne Verpackung		Gewicht der Verpackung		Gesamtgewicht

Brutto und Netto tauchen als Begriffe auch im Umgang mit Geld auf. Neben Bruttolohn und Nettolohn (siehe Kapitel 9) spricht man auch von Bruttopreis und Nettopreis.

Beispiele:

① Du kaufst im Elektrogeschäft XP einen Laptop für 499 €.
Das ist der Bruttopreis. Im Bruttopreis steckt nämlich noch die Mehrwertsteuer (19 %).
Der Nettopreis für dein Gerät beträgt also weniger als 499 €.
Häufig kannst du ihn auf dem Kassenzettel ablesen.

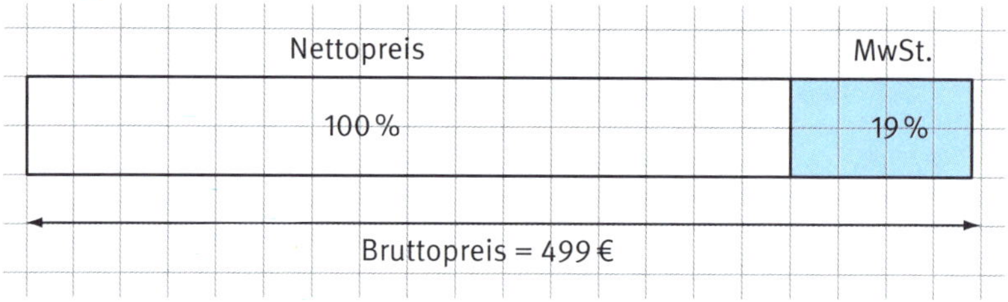

Nettopreis = Bruttopreis : 1,19
(siehe auch Kapitel 3)
Nettopreis = 499€ : 1,19 ≈ 419,33

ELEKTRO XP

1 Laptop	419,33€
MwSt.	79,67€
	499,00€

② Der Händler, der dir den Laptop verkauft, muss noch viel mehr mit brutto und netto rechnen (das nennt man dann kaufmännisches Rechnen). Er macht folgende Rechung auf:

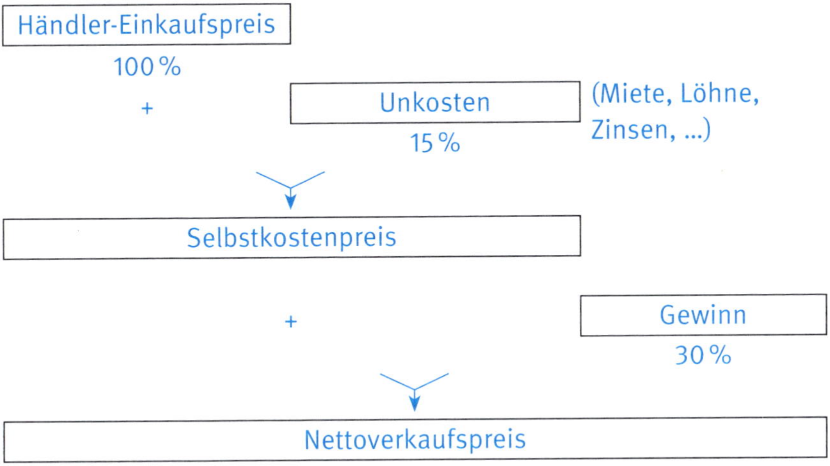

Der Nettoverkaufspreis beträgt 419,33 €. Mit Mehrwertsteuer kommst du dann auf den Bruttoverkaufspreis von 499 €.
Für wie viel Euro muss der Händler den Laptop einkaufen, wenn er die Vorgaben im Bild oben einhalten will?

① Selbstkostenpreis = Nettopreis : 1,3
= 419,33 : 1,3 ≈ **322,56 €**

② Einkaufspreis = Selbstkostenpreis : 1,15
= 322,56 € : 1,15 ≈ **280,49 €**

Wenn du jetzt noch den Bruttopreis, den du im Geschäft zahlst (499 €) mit dem Einkaufspreis der Händler vergleichst (280,49 €), dann siehst du, wie groß der Unterschied sein muss.

2. **Rabatt** und **Skonto** (ital.: Abschlag) tauchen beim Kauf von Waren auf. Es gibt viele Arten von Rabatt, z.B.: Mengenrabatt, Treuerabatt, Barzahlungsrabatt. Einige Versionen von Mengenrabatt hast du sicher schon kennengelernt:
   - Kaufe 3 Produkte, bezahle nur 2.
   - Beim Kauf von zwei Produkten ist das zweite 50 % billiger.
   - 40 % günstiger beim Kauf von 6 Produkten.

   Manchmal benötigst du hierfür die Prozentrechnung. Treue Kunden, die schon langjährig bei bestimmten Geschäften einkaufen, erhalten manchmal Rabatte von z. B. 10 % auf alle Waren, die sind zukünftig kaufen. Oft erhalten sie dafür Einkaufskarten, die sie dann an der Kasse vorlegen müssen, damit ihnen vom Bruttopreis 10 % abgezogen werden.

   Den Barzahlungsrabatt nennt man Skonto. Dieser Rabatt wird zum Beispiel beim Autokauf gewährt. Einige Geschäfte gewähren Skonto auch beim Bezahlen von Rechnungen innerhalb einer bestimmten Zeit, z. B. 8 Tage. Skonto beträgt in der Regel 2 bis 3 %.

   Beispiel: Du hast drei Bücher zum Bruttopreis von 43,80 € bestellt. Wegen deines Treuerabatts von 10 % erhältst du sie günstiger. Wenn du innerhalb von 14 Tagen überweist, darfst du 2 % Skonto vom Rechnungsbetrag abziehen.
   Wie viel musst du überweisen, wenn du den Skonto abziehen willst?

   1. 10 % von 43,80 € $= \frac{10}{100} \cdot 43{,}80\,€ = 4{,}38\,€$
   2. 43,80 € − 4,38 € = 39,42 € (Rechnungsbetrag)
   3. 2 % von 39,42 € $= \frac{2}{100} \cdot 39{,}42\,€ \approx 0{,}79\,€$
   4. 39,42 € − 0,79 € = 38,63 € (Überweisungsbetrag)

Übungen

1 Beim Kauf von Büchern müssen in Deutschland 7 % Mehrwertsteuer bezahlt werden. Der Bruttopreis deines Buches liegt bei 10,95 €.

a) Wie viel Euro Mehrwertsteuer zahlst du?

b) Wie hoch liegt der Nettopreis des Buches?

2 Jana ist Angestellte. Ihr Bruttogehalt beträgt 3510 €. Davon werden Steuern und Sozialabgaben in Höhe von 38,845 % abgezogen. Wie hoch ist Janas Nettogehalt?

3 Ein Möbelhändler erhält ein Angebot zum Kauf von 50 Sitzgruppen. Sein Einkaufspreis beträgt danach 1720 € pro Sitzgruppe. Der Händler weiß, dass seine Unkosten bei 12,5 % liegen, er will 25 % Gewinn erzielen.

a) Mit welchem Preis muss der Möbelhändler die Sitzgruppe in seinem Geschäft auszeichnen? Beachte auch die 19% Mehrwertsteuer, die zum Nettoverkaufspreis noch hinzukommen.

b) Wie viel Euro Gewinn hat der Händler gemacht, wenn er alle Sitzgruppen verkauft hat?

4 Ergänze die fehlenden Größen.

	a)	b)	c)	d)	e)
Nettopreis		10,08 €			11,11 €
Mehrwertsteuer in %	19 %	19 %		25 %	
Prozentfaktor			1,07		
Bruttopreis	64 €		12,95 €	40,80 €	12 €

5 Ein Fön kostet in Deutschland im Geschäft (mit 19 % Mehrwertsteuer) 39,95 €. Wie viel Euro kostet das Gerät bei gleichem Nettopreis in Belgien (21 % MwSt.)?

6 In einem Katolog wird in ein Bücherregal zum Nettopreis von 83,19 € angeboten. Bei Barzahlung gewährt das Geschäft 2 % Skonto.
Du möchtest drei Regale kaufen. Wie viel Euro musst du bar zahlen?

7 Ein Zweiradmarkt hat ein neues Geschäft eröffnet. Zwei Wochen lang wird ein Elektrofahrrad mit 30% Rabatt zum Preis von 899 € angeboten.

a) Wie viel Euro sparst du, wenn du innerhalb von zwei Wochen dieses Fahrrad kaufst?

b) Berechne die Mehrwertsteuer mit und ohne Rabatt.

c) Wie hoch ist der Nettopreis des Fahrrads ohne Eröffnungsrabatt?

Fehler-Check

1. Dein neuer Erdkundeatlas kostet 39,80 € mit 7 % Mehrwertsteuer. Wie viel Euro beträgt die Mehrwertsteuer?

2. Ein Autohändler bietet ein Auto mit dem Listenpreis (Bruttoverkaufspreis mit 19 % Mwst.) von 15 070 € zum Preis mit Rabatt von 11 990 € an. Er darf höchstens einen Rabatt von 23 % gewähren.
   a) Hält der Händler sich an die Rabattobergrenze?

   b) Wenn der Händler beim höchsten Rabatt noch 20 % Gewinn machen möchte, wie hoch darf sein Selbstkostenpreis für das Auto dann sein?

3. Im Elektromarkt kannst du eine Deckenleuchte mit einem Preis von ursprünglich 199 € mit 40 % Rabatt und zuzüglich noch 2 % Skonto bei Bezahlung kaufen. Wie teuer ist die Leuchte?

	0 – 1 Fehler	2 Fehler	mehr als 2 Fehler
☐ Fehler	Super!	In Ordnung!	Bitte noch einmal üben!

Zinsrechnung und Zinseszinsen

7

1. Wie viel Euro musst du anlegen, wenn du bei einem Zinssatz von 5 % nach einem halben Jahr 50 € Zinsen erhalten willst?

$Z = K \cdot \frac{p}{100}$ ~~$50\,€ \cdot \frac{5}{100} = 2{,}50\,€$~~

$50\,€ \cdot \frac{100}{5} = 1000\,€$

$1000\,€ \cdot \frac{1}{2} = 500\,€$ f I

(Bei einem Jahr muss man schon 1000 € anlegen)

2. Du legst 500 € zu einem Zinssatz von 2,5 % für 10 Jahre lang an. Wie groß ist dein Guthaben nach 10 Jahren?

$Z = K \cdot \frac{p}{100} = 500 \cdot \frac{2{,}5}{100} = 12{,}50\,€$ **Zinseszinsformel anwenden** I

$12{,}50\,€ \cdot 10 = 125\,€$ (nach 10 Jahren) f I

$500\,€ + 125\,€ = 625\,€$ f

Regeln

1. **Zinsen** sind eine Vergütung für leihweise überlassenes Kapital.
   Kurz: Zinsen sind eine **Leihgebühr** für Geld.
   Die Höhe der Zinsen hängt ab:
   - von der Höhe des Kapitals
   - vom Zinsatz
   - von der Zeitdauer

   Der **Zinssatz** gibt an, wie viel Prozent des Kapitals für **ein Jahr** als Zinsen zu zahlen sind.
   Die Grundgrößen der Zinsrechnung (Zinsen, Zinssatz, Kapital) entsprechen denen der Prozentrechnung (Prozentwert, Prozentsatz, Grundwert).

Im Bild sieht das so aus:

G Grundwert	⟶	p % Prozentsatz	⟶	W Prozentwert
↕		↕		↕
Kapital K	⟶	Zinssatz p %	⟶	Zinsen Z

Die Gleichungen aus Kapitel 5 können deshalb übertragen werden zu:

Zinsen: $Z = K \cdot \frac{p}{100}$

Zinssatz: $\frac{p}{100}\ (= p\,\%) = \frac{Z}{K}$

Kapital: $K = Z \cdot \frac{100}{p}$

Beispiele:

a) 400 € werden zu einem Zinssatz von 2,5 % für ein Jahr bei einer Bank angelegt. Wie viel Euro Zinsen schreibt die Bank gut?
$K = 400\,€$
$p\,\% = 2{,}5\,\% = \frac{2{,}5}{100}$
$Z = K \cdot \frac{p}{100} = 400\,€ \cdot \frac{2{,}5}{100} = 10\,€$

b) 300 € ergeben nach einer Anlagezeit von einem Jahr 13,50 € Zinsen. Wie groß ist der Zinssatz?
$K = 300\,€$
$Z = 13{,}50\,€$
$p\,\% = \frac{13{,}50\,€}{300\,€} = 0{,}045 = 4{,}5\,\%.$

c) Herr Ferber will nach einem Jahr 800 € erhalten.
Der Zinssatz liegt bei 5,5 %. Wie viel Euro muss er einzahlen?
$Z = 800\,€$
$p\,\% = 5{,}5\,\% = \frac{5{,}5}{100}$
$K = Z \cdot \frac{100}{p} = 800\,€ \cdot \frac{100}{5{,}5} \approx 14\,545{,}46\,€$

Diese Zinsrechnungsaufgaben lassen sich auch mit dem Dreisatz (Kapitel 2) und dem Rechenkreuz (Kapitel 5) lösen.

2. Zinsrechnung mit Zeiten, die **kleiner** als **ein Jahr** sind:
Hier muss der **Zeitfaktor** berücksichtigt werden.

$$K \xrightarrow{\cdot \frac{p}{100}} Z_{1\,\text{Jahr}} \xrightarrow[\cdot t]{\text{(Zeitfaktor)}} Z_t$$

Beispiel: Ein Guthaben von 640 € ist zu 3,75 % für 7 Monate angelegt. Wie viel Euro Zinsen ergibt diese Zeit?

$K = 640$ €

$p\,\% = 3{,}75\,\%$

$t = 7$ Monate $= \frac{7}{12}$ Jahr

Zuerst werden die Jahreszinsen ausgerechnet:

$Z = K \cdot \frac{p}{100} = 640\,€ \cdot \frac{3{,}75}{100} = 24$

Jetzt noch die Zeitzinsen:

$Z_t = 24\,€ \cdot t = 24\,€ \cdot \frac{7}{12} = 14\,€$

Beide Berechnungen können zusammengefasst werden und ergeben als Gleichung:

$$Z = K \cdot \frac{p}{100} \cdot t$$

Für die Zeitfaktoren gilt in der Zinsrechnung:

1 Monat $= \frac{1}{12}$ Jahr	1 Jahr = 360 Tage
1 Tag $= \frac{1}{360}$ Jahr	1 Monat = 30 Tage

Die noch fehlenden Formeln zur Zinsrechnung mit einem Zeitfaktor t erhalte ich durch Gleichungsumformung:

$$Z = K \cdot \frac{p}{100} \cdot t \qquad \bigg| \cdot \frac{100}{p}$$

$$\Leftrightarrow \quad Z \cdot \frac{100}{p} = K \cdot t \qquad | :t$$

$$\Leftrightarrow \quad \frac{Z \cdot 100}{t \cdot p} = K$$

$$Z \cdot \frac{100}{p} = K \cdot t \qquad | :K$$

$$\Leftrightarrow \quad \frac{Z \cdot 100}{K \cdot p} = t$$

$$Z = K \cdot \frac{p}{100} \cdot t \qquad | :K \quad | :t$$

$$\Leftrightarrow \quad \frac{Z}{K \cdot t} = \frac{p}{100}$$

3. **Zinseszinsen** entstehen, wenn Zinsen nicht ausbezahlt werden, sondern dem Kapital hinzugefügt werden. Diese (Zinsen und Kapital) werden dann zusammen verzinst.

Beispiel: Ein Kapitel von 2000 € wird für drei Jahre zu einem Zinssatz von 5 % angelegt.

Wie hoch ist das Guthaben nach drei Jahren?

a) Schrittweise berechnen

$$Z = K \cdot \frac{p}{100}$$

Jahr	Kapital	Zinsen	Kapital + Zinsen
0	2000 €	$= 2000\,€ \cdot \frac{5}{100} = 100\,€$	2100 €
1	2100 €	$= 2100\,€ \cdot \frac{5}{100} = 105\,€$	2205 €
2	2205 €	$= 2205\,€ \cdot \frac{5}{100} = 110{,}25\,€$	2315,25 €
3	2315,25 €	–	–

Das Guthaben ist nach drei Jahren auf 2315,25 € angewachsen.

UNTERSCHIED zur ZINSRECHNUNG:
Wenn man die Zinsen nach jedem Jahr (100 €) abhebt, dann erhält man nur 300 € Zinsen und hat nach drei Jahren ein Kapital von nur 2300 €.

b) Berechnung mit dem Zinsfaktor
Mit dem Zinsfaktor q (manchmal heißt er auch Wachstumsfaktor) können Zinseszinsen schneller als in a) berechnet werden.

$q = 100\,\% + p\,\% = 100\,\% + 5\,\% = 105\,\% = \mathbf{1{,}05}$

(100 % ↓ Kapital, p % ↓ Zinsen)

Dann gilt:

K_0 —(·1,05)→ K_1 —(·1,05)→ K_2 —(·1,05)→ K_3

K_0	K_1	K_2	K_3
2000 €	2100 €	2205 €	2315,25 €

K_0 steht für das Kapital nach null Jahren, das Anfangskapital.
K_1 ist das Kapital nach einem Jahr usw.
Im Beispiel dann:
$K_3 = K_0 \cdot 1{,}05 \cdot 1{,}05 \cdot 1{,}05$ oder kürzer
$K_3 = K_0 \cdot 1{,}05^3$

Mit einem **Taschenrechner** kannst du das mit den folgenden Tasten berechnen:

[2000] [x] [1,05] [y^x] [3] [=]

2000 ↓ Anfangskapital, 1,05 ↓ Zinsfaktor, 3 ↓ Anzahl der Jahre

4. Die Zinseszinsformel zur Berechnung des Kapitals nach n Jahren **lautet:**

$$K_n = K_0 \cdot q^n$$

K_0 = Anfangskapital
K_n = Kapital nach n Jahren
n = Anzahl der Jahre
q = Zinsfaktor

Auch hier findest du durch Gleichungsumformung Formeln zur Berechnung der anderen Größen:

$$K_n = K_0 \cdot q^n \quad |:q^n$$
$$\Leftrightarrow \quad \frac{K_n}{q^n} = K_0$$

$$K_n = K_0 = q^n \quad |:K_0$$
$$\Leftrightarrow \quad \frac{K_n}{K_0} = q^n \quad |\sqrt[n]{}$$
$$\Leftrightarrow \quad \sqrt[n]{\frac{K_n}{K_0}} = q$$

Die Anzahl der Jahre lässt sich nicht so einfach bestimmen, durch logarithmische Umformung erhältst du:

$$n = \frac{\log\left(\frac{K_n}{K_0}\right)}{\log q}$$

Beispiel:

a) Welches Anfangskapital ist nötig, damit bei 4 % Zinsen nach 18 Jahren ein Kapital von 5000 € aufgebaut ist?
n = 18
q = 1,04
K_{18} = 5000 €
$$K_0 = \frac{K_n}{q^n} = \frac{5000\,€}{1{,}04^{18}} = 2468{,}14\,€$$

b) Nach 10 Jahren soll sich das Anfangskapital von 1500 € verdoppelt haben. Wie groß muss der Zinsfaktor (der Zinssatz) sein?
n = 10
K_0 = 1500 €
K_{10} = 3000 € (Verdopplung)

$q = \sqrt[n]{\frac{K_n}{K_0}} = \sqrt[10]{\frac{3000\,€}{1500\,€}} \approx 1{,}072$

$p\,\% = 1{,}072 - 1 = 0{,}072 = 7{,}2\,\%$

c) Du willst Geld für deinen Führerschein sparen.
Der Zinssatz liegt bei 5,5 %. 500 € hast du jetzt zur Verfügung. Wie viele Jahre musst du warten, damit daraus 700 € geworden sind?

$q = 1{,}055$

$K_0 = 500\,€$

$K_n = 700\,€$

$n = \frac{\log\left(\frac{700}{500}\right)}{\log 1{,}055} = \frac{\log 1{,}4}{\log 1{,}055} \approx 6{,}28$ Jahre

d) Aufgabe c) kannst du näherungsweise mit der Zinseszinsformel $K_n = K_0 \cdot q^n$ und einem Taschenrechner lösen. Du musst dann ausprobieren.

1.) Berechne K_{10}. (Du hast willkürlich 10 Jahre gewählt.)
$K_{10} = 500\,€ \cdot 1{,}055^{10} = 854{,}07\,€$
Das ist **zu viel**.

2.) Berechne K_5.
$K_5 = 500\,€ \cdot 1{,}055^{5} = 653{,}48\,€$
Zu wenig!

3.) Berechne K_6.
$K_6 = 500\,€ \cdot 1{,}055^{6} = 689{,}42\,€$
Immer noch zu wenig!

4.) Berechne K_7.
$K_7 = 500\,€ \cdot 1{,}055^{7} = 727{,}34\,€$

Zwischen dem 6. und 7. Jahr beträgt dein Kapital 700 €.
Nach 7 Jahren hast du also mehr als 700 € zur Verfügung.

Aufgabe c) hatte als Lösung $n = 6{,}28$ Jahre. Diese Bruchteile von einem Jahr (0,28 Jahre) kannst du leicht in Monate und Tage umrechnen:

Monate: $0{,}28 \cdot 12 = 3{,}36$ Monate

Tage: $0{,}28 \cdot 360 = 100{,}8$ Tage

Übungen

1 Lena hat zum Geburtstag 250 € geschenkt bekommen.
Am 1. Januar bringt sie das Geld auf ihr Konto bei der Sparkasse.
Sie erhält 2,25 % Zinsen.
Wie groß ist ihr Guthaben nach einem Jahr?

2 Vitali hat das Angebot der KG-Bank gelesen, dort werden 4,2 % Zinsen auf das Sparguthaben gezahlt.
Er möchte soviel Geld sparen, dass er 50 € Zinsen nach einem Jahr bekommt.
Wie viel Euro muss er einzahlen?

3 Sophie legt ihre Ersparnisse von 1500 € sechs Jahre zu 4,25 % an.
Was ist nach sechs Jahren aus ihrem Kapital geworden und wie viel Euro Zinsen hat sie erhalten?

4 Berechne die fehlenden Größen.

	a)	b)	c)	d)	e)	f)
K	850 €	1030 €	2305 €		72 €	800 €
p %		2,5 %	3,25 %	4 %		4,5 %
t	1 Jahr	4 Monate	35 Tage	1 Monat	45 Tage	
Z	14,88 €			450 €	0,90 €	35 €

5 Alexandra hat 2000 € geschenkt bekommen. Sie möchte sie 4 Jahre lang anlegen. Ihr liegen drei Angebote vor:

A

Sparbuch:
jährlich
2,5 % Zinsen

B

Sprintsparen:
1. Jahr 1 %
2. Jahr 2 %
3. Jahr 3 %
4. Jahr 4 %

C

Schnellsparen:
1. Jahr 6 %
2. – 4. Jahr je 1 %

Welches Angebot sollte sie wählen? Fülle dazu die Tabelle unten aus.

Bank	Jahre	Kapital	Zinsen	Kapital + Zinsen
A	n = 4	2000 €		K_4 =
B	0	2000 €		
	1			
	2			
	3			
C	0	2000 €		
	1			
	2			
	3			

4. Jahr: (B)

4. Jahr: (C)

6 Paul spart für den Führerschein. Jeden Monat legt er 20 € zurück. Am Ende des Jahres bringt er 240 € zur Bank und schließt mit seiner Bank einen Sparvertrag über fünf Jahre zu einem Zinssatz von 5 % ab. Dann zahlt er jedes Jahr 240 € ein.

a) Wie viel Euro hat Paul zum Schluss in den Sparvertrag eingezahlt?

b) Berechne schrittweise, wie viel Euro sein Sparvertrag am Ende erbringt. Vervollständige dazu die Tabelle.

Jahre	Kapital	Rate	Kapital + Rate	Zinsen	Kapital + Rate + Zinsen
0	0 €	240 €	240 €	12 €	252 €
1	252 €				
2					
3					
4					
5		–	–	–	–

Tipp

Mit der **Ratensparformel**

$K_n = R \cdot q \cdot \frac{q^n - 1}{q - 1}$

kannst du das Endergebnis von Aufgabe 6 in einem Schritt berechnen.

K_n = Kapital nach n Jahren
R = Jahresrate, am 1.1. eingezahlt.
q = Zinsfaktor
n = Anzahl der Jahre

Tastenfolge beim Taschenrechner:

K_n = [240] [x] [1,05] [x] [(] [1,05] [y^x] [5] [–] [1] [)] [÷] [(] [1,05] [–] [1] [)] [=]

7 Berechne mit der Ratensparformel.

	a)	b)	c)	d)
Rate R	240 €	360 €	360 €	720 €
Zinssatz p %	6 %	6 %	5 %	5 %
Laufzeit n	5 Jahre	5 Jahre	18 Jahre	18 Jahre
Kapital K_n				

8 Svenja hat 2400 € zur Verfügung:

a) Welches Angebot soll sie wählen?

A

6 Jahre
4 % Zinsen

B

4 Jahre
6 % Zinsen

b) Nach wie viel Jahren hat sich Svenjas Kapital verdoppelt (4800 €!)? Berechne für beide Angebote.

9 Berechne die fehlenden Größen in der Tabelle. Runde auf Cent.

	a)	b)	c)	d)	e)	f)
K_0	100 €	2250 €		3500 €	200 €	20 000 €
p %	3 %		9 %		1 %	
q		1,04				1,06
n	5 Jahre	25 Jahre	7 Jahre	9 Jahre	20 Jahre	
K_n			5000 €	6996,50 €		35 817 €

Fehler-Check

1. Wie viel Euro musst du anlegen, wenn du bei einem Zinssatz von 5 % nach einem halben Jahr 50 € Zinsen erhalten willst?

2. Du legst 500 € zu einem Zinssatz von 2,5 % für 10 Jahre lang an. Wie groß ist dein Guthaben nach 10 Jahren?

3. Wie lange müssen 10 000 € zu 4,5 % angelegt werden, damit sich das Kapital vervierfacht?

☐ Fehler

0 – 1 Fehler	2 Fehler	mehr als 2 Fehler
Super!	In Ordnung!	Bitte noch einmal üben!

Promillerechnung

8

1. Wie viel Promille sind das?
   a) 5 % = 5000 ‰ f
   b) $\frac{17}{4000}$ = 0,00425 ≈ 0,4 ‰ ✓ f II
   c) 0,15 = 1500 ‰ f (·1000) I

2. 1,25 ‰ vom Versicherungswert vom 80 000 € ergeben den Jahresbeitrag. Wie hoch liegt er?
   1,25 · 80 000 € = 100 000 € ✓
   100 000 € : 100 = 1000 € f (‰: pro tausend) I
   Der Jahresbeitrag beträgt 1000 €.

Regeln

1. Wenn mit sehr kleinen Anteilen gerechnet werden soll, dann reicht die Unterteilung in Prozent häufig nicht mehr aus. In der Promillerechnung bildet man für solche Anteile Brüche mit dem Nenner 1000.

   1 Promille = 1 ‰ = $\frac{1}{1000}$ = 0,001

   Promille stammt auch aus dem lateinischen: *pro mille*; vom tausend, Tausendstel.

   Beispiele:

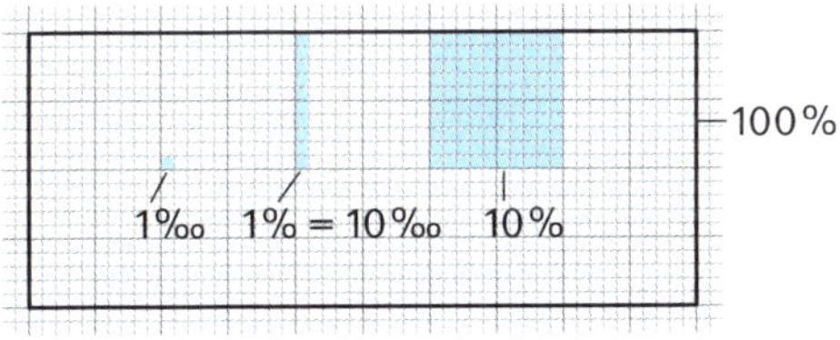

1 ‰ = $\frac{1}{1000}$ = 0,1 %

10 ‰ = $\frac{10}{1000}$ = 1 %

100 ‰ = $\frac{100}{1000}$ = 10 %

2. In der Promillerechnung heißen die Grundgrößen:

Promillesatz	p ‰
Grundwert	G
Promillewert	W

Zur Berechnung der jeweiligen Größen kannst du den Dreisatz (Kapitel 2), die Gleichungen (Kapitel 5) oder das Rechenkreuz (Kapitel 5) benutzen.

Hier sind die Gleichungen aufgeführt:

Beispiele:

① $W = \frac{p}{1000} \cdot G$

② $\frac{p}{1000} (= p\text{ ‰}) = \frac{W}{G}$

③ $G = W \cdot \frac{1000}{p}$

a) 2 ‰ von 180 000 € sind:
↓ p ↓ G

$W = \frac{2}{1000} \cdot 180\,000\text{ €} = 360\text{ €}$

b) Der Wert eines Hausrates beträgt 120 000 €.
Die Versicherungsprämie dafür kostet jährlich 180 €.
Wie viel Promille des Wertes sind das?

$p\text{ ‰} = \frac{180\text{ €}}{120\,000\text{ €}} = 0{,}0015 = 1{,}5\text{ ‰}$ (· 1000)

c) Ein Arbeitnehmer zahlt für die Pflegeversicherung monatlich den Betrag von 24,60 €. Das entspricht 10,25 ‰ von seinem Bruttolohn.
Wie hoch ist dieser?

$G = W \cdot \frac{1000}{p} = 24{,}60\text{ €} \cdot \frac{1000}{10{,}25} = 2400\text{ €}$

3. Für sehr kleine Anteile werden in der Wissenschaft und Technik auch noch andere Bezeichnungen benutzt, wie z. B.:

1 ppm (*parts per million*, engl.: Teilchen pro Million)
$= \frac{1}{1\,000\,000}$

1 ppb (*parts per billion*, engl.: Teilchen pro Milliarde!)
$= \frac{1}{1\,000\,000\,000}$

Beispiele: Zum Zeitpunkt der industriellen Revolution (2. Hälfte des 18. Jahrhunderts) betrug der CO_2-Gehalt in der Luft 280 ppm. Kohlenstoffdioxid ist eines von mehreren Treibhausgasen, die unser Klima beeinflussen. N_2O (Distickstoffoxid) ist ein anderes Gas, welches u. a. aus überdüngten Böden in die Luft entweicht. Sein Gehalt in der Luft betrug um 1750 ca. 270 ppb.
Wie groß ist der CO_2 und N_2O-Gehalt in der Luft in Promille?

: 1000

$$CO_2\text{: } 280\text{ ppm} = \frac{280}{1\,000\,000} = \frac{0{,}28}{1000} = 0{,}28\,‰$$

: 1000

: 1 000 000

$$N_2O\text{: } 270\text{ ppb} = \frac{270}{1\,000\,000\,000} = \frac{0{,}000270}{1000} = 0{,}00027\,‰$$

: 1 000 000

4. Bei Straßen wird die Steigung (oder das Gefälle) in Prozent angegeben. Die Werte für Eisenbahnen sind im Vergleich zu den Straßen in der Regel viel kleiner, deshalb werden sie üblicherweise in Promille angegeben.

Beispiel: Auf einer horizontalen Strecke von 12 km steigt die Höhe einer Eisenbahnstrecke um 75 m an.
Wie viel Promille beträgt die Steigung?

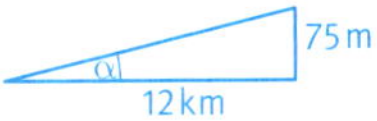

$$\text{Steigung} = \frac{\text{Höhenunterschied}}{\text{Horizontaler Unterschied}} = \frac{75\text{ m}}{12\text{ km}} = \frac{75\text{ m}}{12\,000\text{ m}}$$

$$= 0{,}00625 = 6{,}25\,‰$$

(Der Winkel α beträgt ca. 0,36°.)

Übungen

1 Schreibe als Promille.

a) $\frac{1,3}{100}$

b) 0,75 %

c) $\frac{5}{1000}$

d) $\frac{17}{10\,000}$

e) 0,03

f) 0,0005

2 Berechne den Promillesatz.

a) 2,40 € von 5000 €

b) 55 cm von 2200 m

c) 3 mg von 2,5 g

3 Vervollständige die Tabelle.

	a)	b)	c)
Grundwert G	80 000 €	250 000 €	
Promillesatz p ‰	1,2 ‰		8 ‰
Promillewert W		625 €	176 €

4 Vor 2000 Jahren bauten die Römer im Rheinland eine Wasserleitung zur Trinkwasserversorgung der Stadt Köln. Sie hatte eine Länge von 95,4 km und transportierte täglich 20 000 m^3 Wasser.
Die Quelle der Leitung befindet sich in der Eifel, in Nettersheim, auf einer Höhe von 420 m. Römische Ingenieure haben die gesamte Baustelle in Abschnitte von 4400 m Länge unterteilt. Damit das klare Quellwasser nach Köln gelangt, mussten genaue Vermessungen durchgeführt werden, um ein kontinuierliches Gefälle im Bauwerk zu erzielen. Am Ende der Wasserleitung betrug die Höhe nur noch 49 m.
Die Vermesser erreichten mit ihren Messgeräten damals eine Genauigkeit von 1 : 1000 (1‰ ≙ 0,06°).

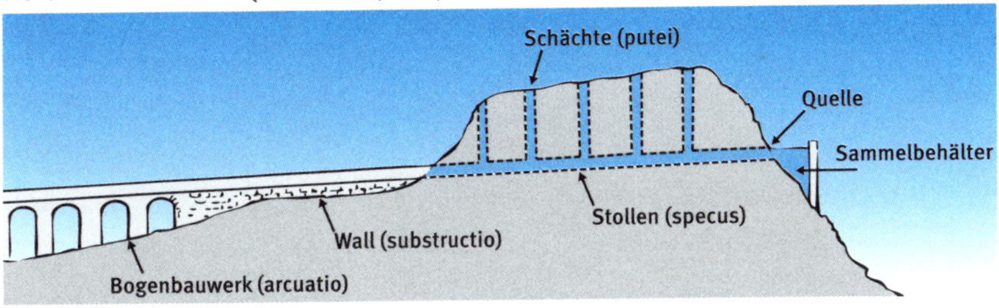

a) Berechne das durchschnittliche Gefälle der Wasserleitung in Promille.

Tipp

Dezimalzahlen wie z. B.: 0,0035 kannst du einfach in %, ‰, ppm oder ppb so umwandeln:

%: 0,0035 = 0,35 % (· 100)

‰: 0,0035 = 3,5 ‰ (· 1000)

ppm: 0,0035 = 3500 ppm (· 1 000 000)

ppb: 0,0035 = 3 500 000 ppb (· 1 000 000 000)

b) In den Bauabschnitten wurde gleichzeitig angefangen. Jeder Abschnitt hatte einen ausgemessenen Zielpunkt, der auch gleichzeitig Startpunkt des nächsten Abschnittes war.

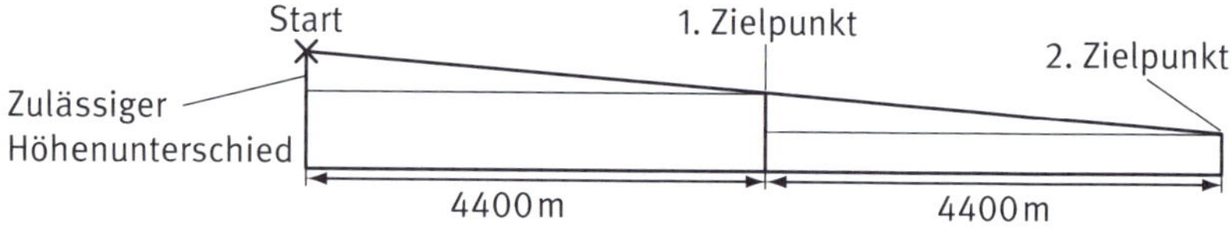

Berechne den zulässigen Höhenunterschied zwischen Start und Zielpunkt innerhalb eines Bauabschnitts mit dem durchschnittlichen Gefälle aus a).

c) In einem Bauabschnitt muss ein Tal mit einem 170 m langen Aquädukt überbrückt werden. Aus technischen Gründen ergibt sich dort ein Gefälle von 1:125.
Wie groß ist der zulässige Höhenunterschied für die restliche Länge des Bauabschnitts und welches Gefälle ist dort vorhanden (in Promille)?

d) Der Rhein erreicht bei Bonn den Kilometerstein 655 in einer Höhe von 44 m. In Köln beträgt seine Höhe beim Stein 688 km noch 36 m. Ist das Fließgefälle des Rheins auf diesem Streckenabschnitt größer als das der römischen Wasserleitung aus a)?

5 Der Jahresbeitrag für eine Wohngebäudeversicherung liegt bei 1,25 ‰ vom Wert des Hauses. Beim Hauskauf lag dieser bei 315 000 €. Wie viel Euro müssen jährlich für die Versicherung gezahlt werden?

6 1854 wurde in Österreich die erste Alpenbahn erbaut. Sie führte über den Semmering (898 m Höhe) und verband Wien mit Triest. Die Strecke beginnt in Gloggnitz (439 m Höhe) und erreicht nach 30 km am Semmering den höchsten Punkt. Danach beginnt ein 12 km langes Gefälle bis nach Mürzzuschlag (Höhe 681 m). Das ganze Bauwerk ist deshalb so großartig, weil Täler und Berge mit 16 Viadukten und 15 Tunneln überwunden werden.

Viadukt über die Kalte Rinne (Semmeringbahn).

Aufgrund der großen Steigung hielt man damals den Betrieb nur mit einer Zahnradbahn für möglich. Der Höchstwert der Steigung lag bei 28 ‰.

a) Wie groß ist Steigung/Gefälle auf dem Anstiegsteilstück/Gefälleteilstück in Promille?

b) Zum Zeitpunkt des Baus der Semmeringbahn galt als feststehender Grundsatz, dass Eisenbahnen ohne zusätzliche Hilfe (z. B.: Zahnräder) höchstens Steigungen von 1 : 200 überwinden können. Wie lang hätte das Teilstück Gloggnitz bis Semmering mindestens werden müssen, wenn man diese Steigung nicht überschritten hätte?

c) 1870 wurde in Peru eine Hochgebirgsbahn von Lima (Höhe 153 m) bis nach La Oroya gebaut. Die im Gebirge liegenden Erzminen sollten mit den Häfen an der Westküste Perus verbunden werden. Der Scheitelpunkt dieser Strecke (höchster Punkt) wurde nach 133 km am Bergpass Paso de Anticona (Höhe 4818 m) erreicht. Diese Bahn, die Andenbahn, war bis 2005 die höchst gelegene Eisenbahnstrecke der Welt. 2006 wurde in Tibet die Lhasabahn fertiggestellt. Ihr höchster Punkt ist der Tonggula-Pass mit 5072 m. Auf 604 Eisenbahnkilometern werden dort 2237 Höhenmeter überwunden.
Vergleiche die Steigungen beider Bahnen.

7 Wie hoch sind die Versicherungsprämien?

a) 0,5 ‰ von 8412 €

b) 2 ‰ von 32 500 €

c) 1 ‰ von 1750 €

8 Alkohol im Blut beeinträchtigt die Reaktionsfähigkeit und die Entfernungseinschätzung. Weil die Fahrsicherheit damit gefährdet ist, hat der Gesetzgeber Grenzen zum Führen eines Pkw festgesetzt:

> 0 ‰ für Fahranfänger
> ab 0,3 ‰ ggf. mitschuldig bei Verkehrsunfällen,
> ab 0,5 ‰ fahruntüchtig.

Die Blutalkoholkonzentration (BAK) kann man wie folgt berechnen:

$$\text{BAK} = \frac{\text{Alkohol in Gramm}}{\text{Körpergewicht in Gramm} \cdot \text{Reduktionsfaktor}}$$

Eine 0,5-ℓ-Flasche Bier (5 % Alkohol) enthält ca. 20 g Alkohol.
Ein 0,2-ℓ-Glas Wein (10 % Alkohol) enthält ca. 16 g Alkohol.
Der Reduktionsfaktor (Alkohol verteilt sich nicht sofort vollständig im Körper) liegt bei
Männer: 0,7
Frauen, Jugendliche: 0,6.

Mario ist kein Fahranfänger mehr, sein Körpergewicht liegt bei 68 kg und sein Reduktionsfaktor beträgt 0,7. Er trinkt drei Gläser Bier (je 0,2 ℓ). Sollte er noch Auto fahren?

9 Die Luft ist das Gasgemisch der Erdatmosphäre (Lufthülle). In der Nähe der Erde besteht die Lufthülle zu $\frac{4}{5}$ aus Stickstoff und zu $\frac{1}{5}$ aus Sauerstoff. Da Sauerstoff schwerer als Stickstoff ist, nimmt der Sauerstoffgehalt in höheren Luftschichten ab und der Stickstoffgehalt zu.

Die Zusammensetzung der Luft

Stickstoff	78,084 %
Sauerstoff	20,942 %
Argon und andere Gase	0,9345 %
Kohlenstoffdioxid	0,039 %
Wasserstoff	0,0005 %

a) Gib den Anteil Kohlendioxid (CO_2) in der Luft in ppm an.

b) Die Atmosphäre der Venus besteht zu 95 % aus CO_2. Deshalb herrscht dort ein Treibhauseffekt mit Temperaturen von ca. 470° C. Zunächst herrschte auf der Erde ein ähnliches Klima. Mit der Entstehung der Gebirge und Meere, der Pflanzen und Tiere verringerte sich der CO_2-Gehalt auf der Erde stetig. Seit 10 000 Jahren liegt er konstant bei 280 ppm. Aus diesem Grund liegt die Temperatur an der Erdoberfläche bei ca. 15° C. Ohne CO_2 wäre es auf der Erde viel kälter, im Durchschnitt wäre es dann – 18° C kalt. Seit dem Zeitalter der Industrialisierung wuchs der CO_2-Gehalt auf der Erde an. Die Tabelle gibt einige Werte an:

Jahr	CO_2-Gehalt in ppm
1800	280
1860	280
1900	297
1960	312
1970	325
1980	336
1990	354
2000	367
2010	388

Seit 2010 beträgt der Anstieg im Mittel pro Jahr noch 1,4 ppm.

Zeichne die Tabellenwerte als Punkte ein.

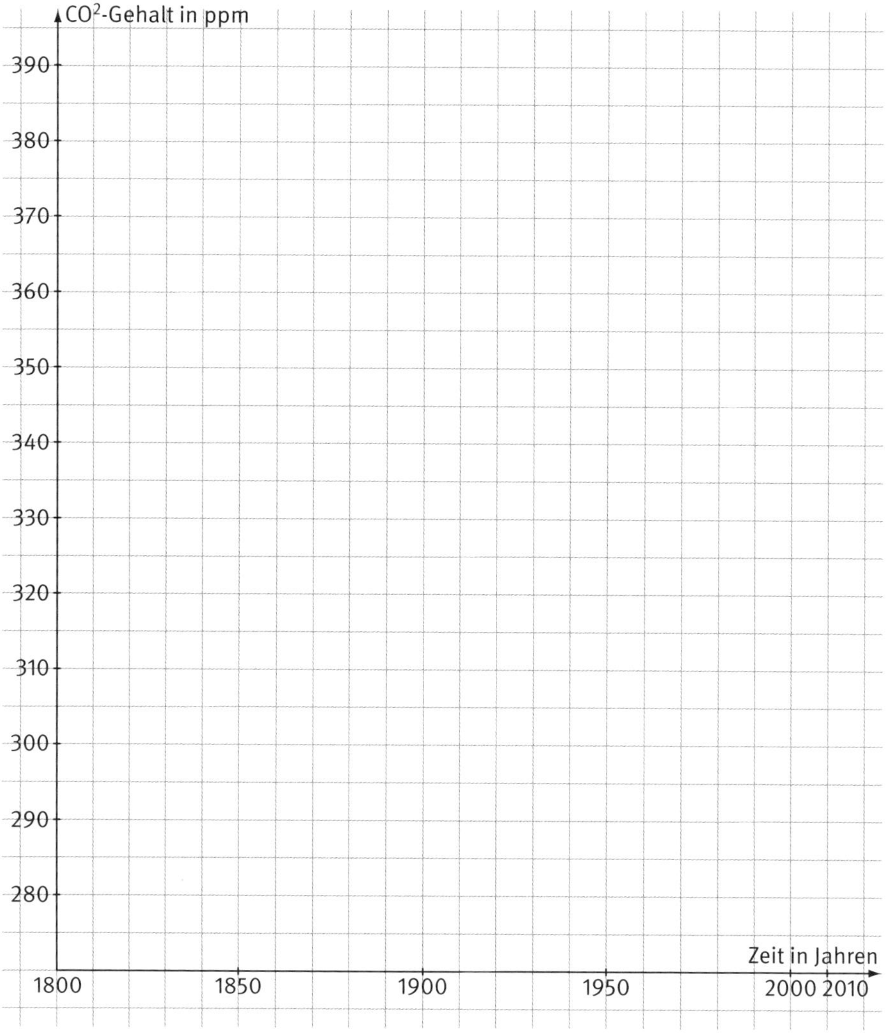

In welchem 10-Jahres-Zeitraum (ab 1960) war der Anstieg von CO_2 in der Luft am größten?

Wie groß war in diesem Zeitraum die durchschnittliche Zunahme pro Jahr?

Wenn die Zunahme ab 2010 auch weiterhin 1,4 ppm pro Jahr beträgt, wann wird die CO_2-Konzentration 400 ppm erreichen?

c) Wasserstoff kommt in der Luft mit einem Gehalt von 500 ppb vor. Er ist an der Luft brennbar und rund 14 mal leichter als Luft.

Stoff	**Dichte in $\frac{g}{l}$**
Wasserstoff	0,09
Stickstoff	1,25
Luft	1,29
Sauerstoff	1,43
Kohlenstoffdioxid	1,98

Berechne den Wasserstoffanteil der Luft in ppm.

Wie viel mal größer ist der CO_2-Anteil als der Wasserstoffanteil in der Luft?

Wie viel mal schwerer ist CO_2 als Luft?

Fehler-Check

1 Schreibe in Promille.

a) 5 % =

b) $\frac{17}{4000}$ =

c) 0,15 =

d) 390 ppm =

2 Vervollständige die Tabelle.

	a)	b)	c)
Grundwert G	4400 m	1250 €	
Promillesatz p ‰	0,5 ‰		4,5 ‰
Promillewert W		2,50 €	135 €

3 Ein Versicherungsvertrag legt als Jahresbeitrag 1,25 ‰ von der Versicherungssumme fest.
Die Summe liegt bei 80 000 €.
Wie viel kostet die Versicherung pro Jahr?

Fehler | **0 – 1 Fehler** Super! | **2 Fehler** In Ordnung! | **mehr als 2 Fehler** Bitte noch einmal üben!

Bruttolohn, Nettolohn und Steuern

1. Anna beginnt eine Ausbildung als Bürokauffrau. Sie muss 20,175 % Sozialabgaben von ihrer Vergütung abführen, das sind 131,14 €. Wie hoch ist ihre Vergütung?

   $131{,}14\,€ \cdot \frac{20{,}175}{100} = 26{,}46\,€$ f

   $131{,}14\,€ + 26{,}46\,€ = 157{,}60\,€$ f

   → $W = 131{,}14\,€$

   $G = W \cdot \frac{100}{p} = 650{,}01\,€$

2. Herr Franke verdient monatlich 4250 € brutto. Seine Steuern und Abgaben ergeben ca. 43 %. Wie viel Euro bleiben ihm dann noch übrig?

   $4250\,€ \cdot \frac{43}{100} = 1827{,}50\,€$

   ... f (4250 € - 1827,50 € = 2422,50 €)

   Da bleibt etwas mehr übrig!

Regeln

1. Der Arbeitgeber zahlt dem Arbeitnehmer für dessen Arbeitsleistung ein Entgelt.
   Allgemein wird dieses Entgelt als **Lohn** bezeichnet.
   Die Arbeitsentgeltzahlungen heißen bei den
   - Auszubildenden **Vergütung,**
   - Arbeitern **Lohn,**
   - Angestellten **Gehalt,**
   - Beamten, Richtern und Soldaten **Sold** oder **Besoldung**.

   Der Bruttolohn setzt sich wie folgt zusammen:

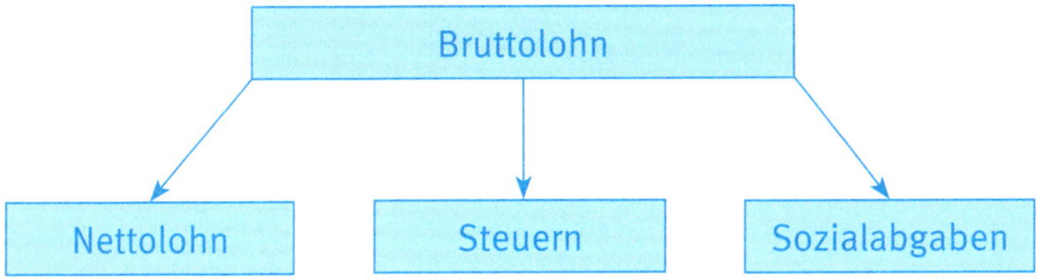

Die **Steuern** setzen sich zusammen aus
- der Lohnsteuer
- dem Solidaritätszuschlag (5,5 % von der Lohnsteuer)
- der Kirchensteuer (9 % von der Lohnsteuer).

Die Lohnsteuer ist in sechs verschiedene Klassen eingeteilt,
z. B.: Steuerklasse 1: unverheiratet,
Steuerklasse 3: verheiratet.

Die **Sozialabgaben** werden auch häufig als Lohnnebenkosten bezeichnet. Sie umfassen die
- Rentenversicherung (18,9 %)
- Arbeitslosenversicherung (3 %)
- Krankenversicherung (15,5 %)
- Pflegeversicherung (2,05 %).

Die Sozialabgaben werden in der Regel je zur Hälfte vom Arbeitnehmer und vom Arbeitgeber getragen.
Die genaue Aufteilung ergibt sich aus dem folgenden Bild.

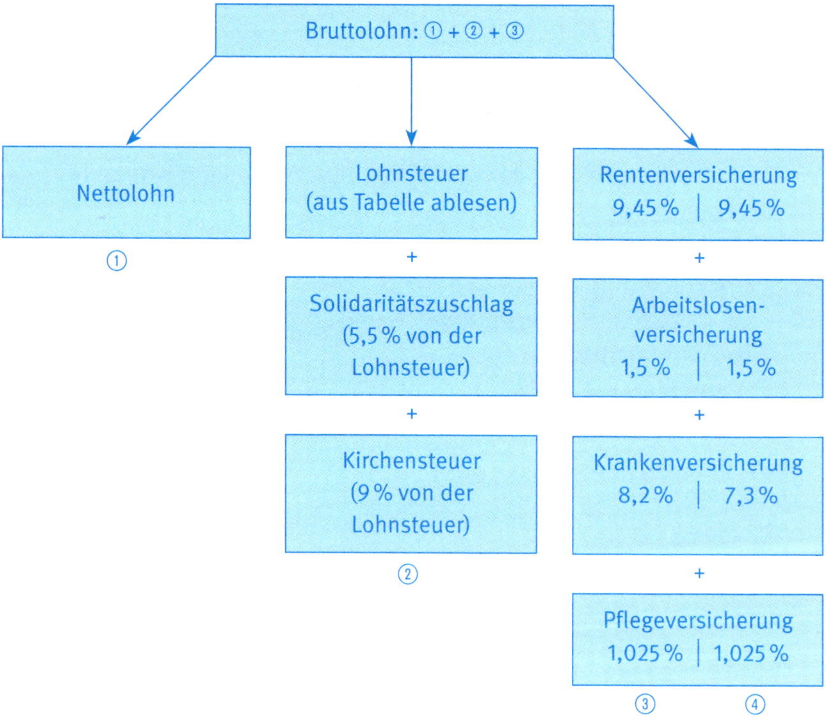

2. Ein Auszug aus der Lohnsteuertabelle:

Steuerklasse 1, ohne Kinder, Beiträge in €

Bruttolohn monatlich	Lohnsteuer monatlich
750	0,00
1000	9,83
1250	46,83
1500	98,75
1750	158,08
2000	215,00
2250	274,00
2500	335,58
2750	399,66
3000	466,25
3250	535,41
3500	607,16
3750	681,41
4000	760,33
4250	848,08

Beispiel: Paul ist 23 Jahre alt und verdient monatlich 2000 € brutto. Er wird nach Steuerklasse 1 besteuert und bezahlt auch Kirchensteuer.

1. Bruttolohn	2000,00 €
2. Lohnsteuer	215,00 €
3. Solidaritätszuschlag (5,5 %)	11,82 €
$\frac{5,5}{100} \cdot 215\,€ = 11,82\,€$ (wird auf Cent abgerundet)	
4. Kirchensteuer (9 %)	19,35 €
$\frac{9}{100} \cdot 215\,€ = 19,35\,€$	
5. Rentenversicherung (9,45 %)	189,00 €
$\frac{9,45}{100} \cdot 2000\,€ = 189\,€$	
6. Arbeitslosenversicherung (1,5 %)	30,00 €
$\frac{1,5}{100} 2000\,€ = 30\,€$	
7. Krankenversicherung (8,2 %)	164,00 €
$\frac{8,2}{100} \cdot 2000\,€ = 164\,€$	
8. Pflegeversicherung (1,025 %)	20,50 €
$\frac{1,025}{100} \cdot 2000\,€ = 20,50\,€$	
9. Nettolohn	1350,33 €

3. Die Sozialabgaben betragen für den
Arbeitnehmer: 9,45 % + 1,5 % + 8,2 % + 1,025 % = 20,175 %
Arbeitgeber: 9,45 % + 1,5 % + 7,3 % + 1,025 % = 19,275 %
Für Paul's Bruttolohn von 2000 € muss sein Arbeitgeber noch zusätzlich 19,275 % · 2 000 € = 385,50 € Sozialabgaben abführen. Insgesamt kostet Paul seinen Arbeitgeber 2385,50 €, wovon Paul aber netto nur 1350,33 € (≙ 56,6 %) ausgezahlt bekommt.

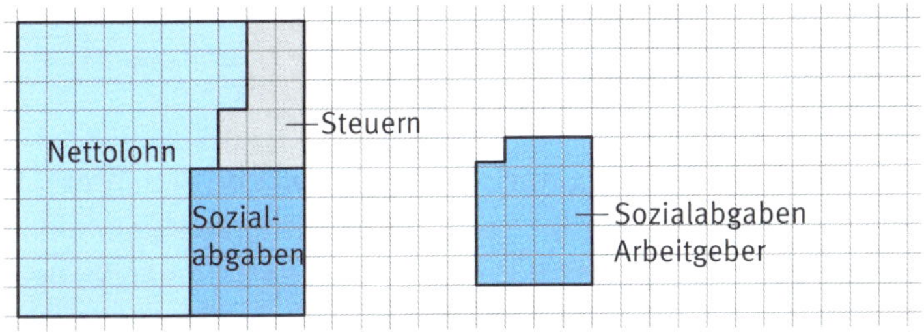

4. Steuern werden immer auf Cent abgerundet. Der Solidaritätszuschlag wird bei Unverheirateten erst ab einer Lohnsteuer von 81 € erhoben. Die Sozialabgaben werden normal gerundet.

Übungen

1 Nina und Alexander beginnen ihr Ausbildungen.
Sie erhalten als Ausbildungsvergütung im
1. Ausbildungsjahr 515 €
2. Ausbildungsjahr 541 €
3. Ausbildungsjahr 591 €
4. Ausbildungsjahr 646 €

Nina hat bei Beginn der Ausbildung schon die Fachhochschulreife erlangt und erhält deshalb 10 % mehr Vergütung.

a) Müssen Nina und Alexander während ihrer Ausbildung Steuern zahlen?

b) Wie hoch ist der Nettolohn von Nina im 1. Ausbildungsjahr?

c) Wie viel Euro muss Alexander im 3. Ausbildungsjahr jährlich für die Krankenversicherung bezahlen?

d) Wenn Nina ihre Ausbildung abgeschlossen hat und von ihrem Arbeitgeber eingestellt wird, dann erhält sie wie Alexander ein Anfangsentgelt (Lohn!) von 1955 €. Sie hat schon einmal nachgesehen, dass sie dann 204,60 € Lohnsteuer zahlt. Im Vergleich zu ihrem 4. Lehrjahr sieht ihre Brutto-Netto-Verteilung auf Hunderterblättern so aus:

4. Ausbildungsjahr
Brutto: 741,60 €

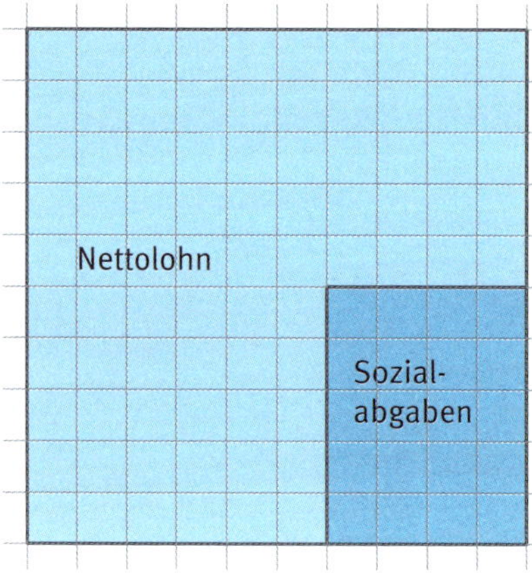

Anfangsentgelt
Brutto: 1955 €

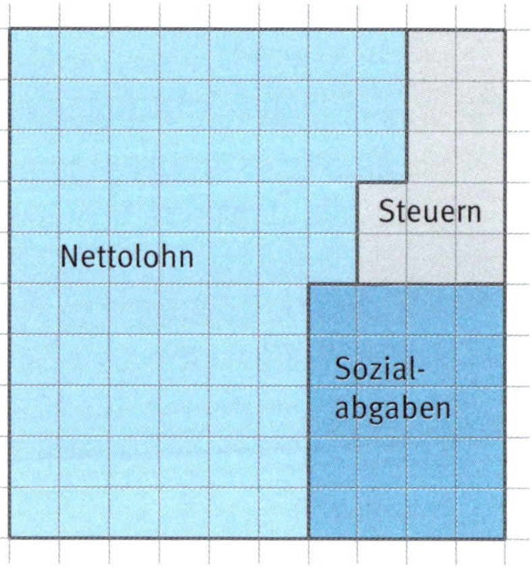

Nina will genau wissen, wie hoch ihr Nettolohn ist, um ihre Ausgaben zu planen.
Berechne den Nettolohn.

e) Wenn Nina verheiratet wäre, dann könnte sie in die Steuerklasse 3 eingestuft werden. In dieser Steuerklasse würde ihre Lohnsteuer nur 27,33 € betragen (Bruttolohn 1955 €).
Berechne ihren Solidaritätszuschlag und die Kirchensteuer.
Wie viel Euro Steuern würde sie einsparen?

2 Alexander bleibt weiterhin in Steuerklasse 1. Weil er jetzt älter als 25 Jahre ist, steigt seine Pflegeversicherung um 0,25 %.
Er bekommt ein neues Arbeitsangebot mit einem Bruttolohn von 2500 €. Aus Aufgabe 1 d) weiß er, wie groß sein Nettolohn war (nachschauen!). Weil er umziehen muss, will er genau wissen, wie viel Euro er dann netto mehr verdient.

Fehler-Check

1 Berechne die Sozialabgaben einzeln und zusammen.

Brutto-lohn	Renten-vers. 9,45 %	Arbeits-losenvers. 1,5 %	Kranken-vers. 8,2 %	Pflege-vers. 1,025 %	Sozial-abgaben zusammen
2600 €					

2 Wie hoch ist der Bruttolohn, wenn die Sozialabgaben 1000 € betragen?

3 Selinas Nettolohn beträgt 2466,15 €. Sie muss insgesamt 46 % Steuern und Abgaben abführen. Wie groß ist ihr Bruttolohn?

☐ Fehler

0 – 1 Fehler	2 Fehler	mehr als 2 Fehler
Super!	In Ordnung!	Bitte noch einmal üben!

10 Formeln

Prozentrechnung	$W = G \cdot \frac{p}{100}$ $G = W \cdot \frac{100}{p}$ $\frac{p}{100} = \frac{W}{G}$	W Prozentwert G Grundwert $p\,\%\left(= \frac{p}{100}\right)$ Prozentsatz
vermehrter/verminderter Grundwert	$\frac{p}{100} = \frac{G+}{G}$ $\frac{p}{100} = \frac{G-}{G}$	G+ vermehrter Grundwert G− verminderter Grundwert
Zinsrechnung (1 Jahr)	$Z = K \cdot \frac{p}{100}$ $K = Z \cdot \frac{100}{p}$ $\frac{p}{100} = \frac{Z}{K}$	Z Zinsen K Kapital $\frac{p}{100}$ Zinssatz
Zinsrechnung (unter einem Jahr)	$Z = K \cdot \frac{p}{100} \cdot t$ $K = \frac{Z \cdot 100}{t \cdot p}$ $\frac{p}{100} = \frac{Z}{K \cdot t}$ $t = \frac{Z \cdot 100}{K \cdot p}$	t Zeit $t = \frac{m}{12}$ m: Zeit in Monaten $t = \frac{d}{360}$ d: Zeit in Tagen
Zinseszinsrechnung	$K_n = K_0 \cdot q^n$ $q = 1 + \frac{p}{100}$ $q = \sqrt[n]{\frac{K_n}{K_0}}$ $n = \frac{\log\left(\frac{K_n}{K_0}\right)}{\log q}$	K_0 Anfangskapital K_n Kapital nach n Jahren n Anzahl der Jahre q Wachstumsfaktor $\frac{p}{100}$ Zinssatz
Promillerechnung	$W = G \cdot p\,‰$ $G = W \cdot \frac{1000}{p}$ $\frac{p}{1000} = \frac{W}{G}$	W Promillewert G Grundwert $p\,‰\left(= \frac{p}{1000}\right)$ Promillesatz

Kapitel 1: Anteile: Bruch – Dezimalzahl – Prozentzahl

Darstellung

Seite 7

1 a) 50 % b) 12,5 % c) 30 %
d) grau: 20 %, blau: 40 %, hellblau: 32 %, weiß: 8 %
e) grau: 18 %, blau: 42 %, hellblau: 8 %, weiß: 32 %
f) 48 % (1 Kästchen: 4 %) g) 15 % (1 Kästchen: 5 %) h) 20 %

Seite 8

2 a) 13 % b) Weserbergland; 19 %
c) z. B.:

Weserbergland	19 %
Eifel	11 %
Kölner Bucht	3 %
Münsterland	17 %
	50 %

3

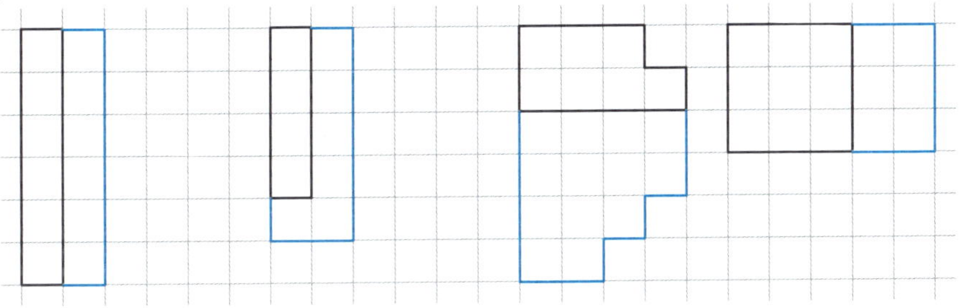

4 a) $\frac{1}{3}$ b) $\frac{5}{6}$ c) $\frac{5}{11}$ d) $\frac{3}{8}$ e) $\frac{2}{3}$ f) $\frac{3}{10}$

Seite 9

5 0,5: b) 0,75: f) 1: c) 0,2: e) 0,3: a) 0,05: d)

Fehler-Check

Seite 10

1 a) 75 % b) 24 % c) 25 %
d) blauer Anteil: 15 %, hellblauer Anteil: 28 %

2 a)

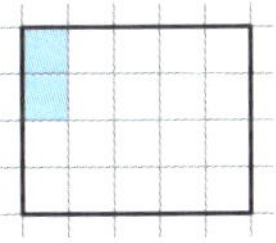

b)

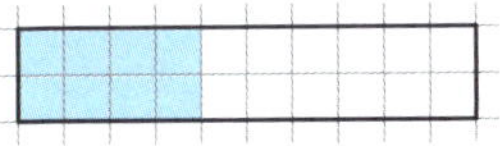

c)

3 a)

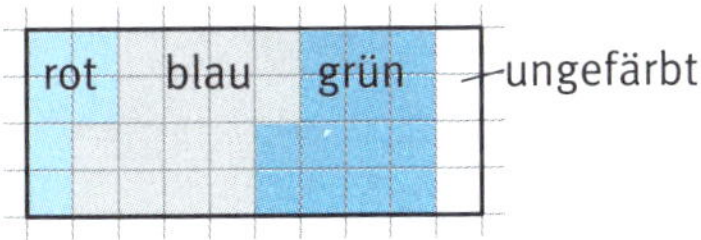

b) Ungefärbt: 10 %

Lösungen

Umwandlungen

Seite 13

1 a) $15\,\% = \frac{15}{100} = \frac{3}{20}$ b) $70\,\% = \frac{70}{100} = \frac{7}{10}$ c) $20\,\% = \frac{20}{100} = \frac{1}{5}$

d) $50\,\% = \frac{50}{100} = \frac{1}{2}$ e) $4\,\% = = \frac{4}{100} = \frac{1}{25}$ f) $25\,\% = \frac{25}{100} = \frac{1}{4}$

Seite 14

2 a)

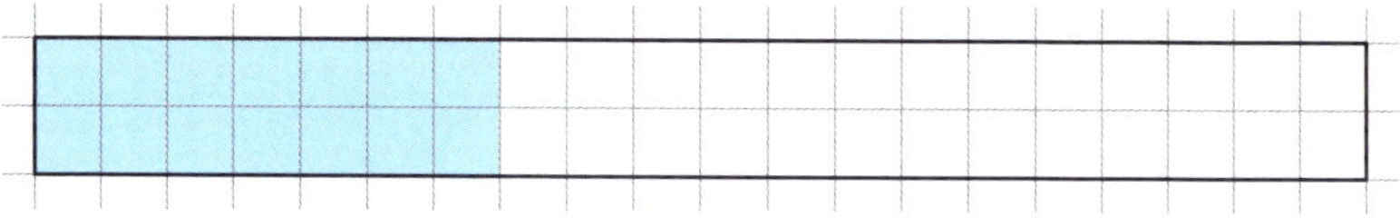

b) $35\,\% = \frac{35}{100} = 0{,}35$ c) 65 %

3

	Z	E	$\frac{1}{10}$	$\frac{1}{100}$	$\frac{1}{1000}$
a) $0{,}04 = \frac{4}{100} = \frac{1}{25}$		0	0	4	
b) $0{,}19 = \frac{19}{100}$		0	1	9	
c) $1{,}3 = 1\frac{3}{10}$		1	3		
d) $0{,}8 = \frac{8}{10} = \frac{4}{5}$		0	8		
e) $0{,}025 = \frac{25}{1000} = \frac{1}{40}$		0	0	2	5

4 a) $5\,\% = 0{,}05$ b) $20\,\% = 0{,}2$ c) $92\,\% = 0{,}92$ d) $19\,\% = 0{,}19$

e) $34\,\% = 0{,}34$ f) $120\,\% = 1{,}2$ g) $1{,}5\,\% = 0{,}015$ h) $0{,}6\,\% = 0{,}006$

Seite 15

5 a) $\frac{1}{2} = \frac{50}{100} = 50\,\%$ b) $\frac{1}{4} = \frac{25}{100} = 25\,\%$ c) $\frac{3}{4} = \frac{75}{100} = 75\,\%$

d) $\frac{1}{5} = \frac{20}{100} = 20\,\%$ e) $\frac{1}{8} = \frac{125}{1000} = 12{,}5\,\%$ f) $\frac{1}{20} = \frac{5}{100} = 5\,\%$

g) $\frac{1}{50} = \frac{2}{100} = 2\,\%$ h) $\frac{3}{8} = \frac{375}{1000} = 37{,}5\,\%$

6 a) $\frac{1}{3} = 0{,}\overline{3} = 33{,}\overline{3}\,\%$ b) $\frac{2}{3} = 0{,}\overline{6} = 66{,}\overline{6}\,\%$ c) $\frac{1}{6} = 0{,}1\overline{6} = 16{,}\overline{6}\,\%$

d) $\frac{1}{12} = 0{,}08\overline{3} = 8{,}\overline{3}\,\%$ e) $\frac{1}{24} = 0{,}041\overline{6} = 4{,}1\overline{6}\,\%$

7 a)

$\frac{35}{100}$	0,35
35 %	$\frac{7}{20}$

b)

$\frac{80}{100}$	0,8
80 %	$\frac{4}{5}$

c)

$\frac{25}{100}$	0,25
25 %	$\frac{1}{4}$

d)

$\frac{15}{100}$	0,15
15 %	$\frac{3}{20}$

8

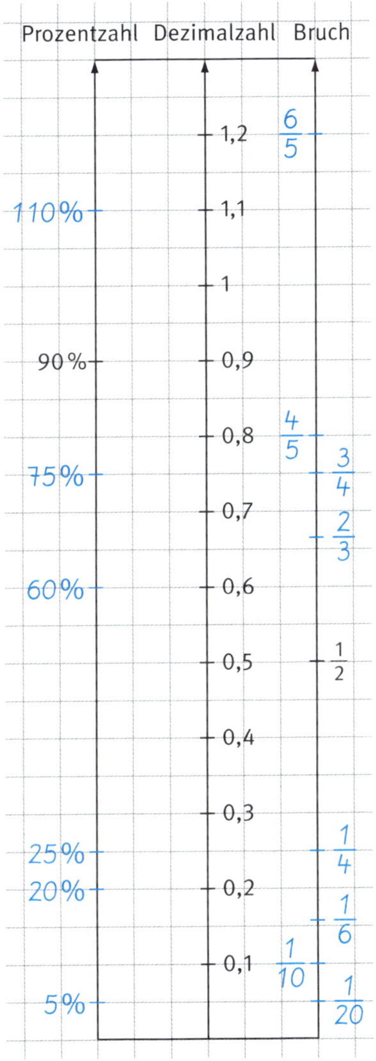
Prozentzahl
Dezimalzahl
Bruch
1,2
6/5
110%
1,1
1
90%
0,9
0,8
4/5
75%
3/4
0,7
2/3
60%
0,6
0,5
1/2
0,4
0,3
25%
1/4
20%
0,2
1/6
0,1
1/10
5%
1/20

Lösungen

Seite 17

Fehler-Check

1 a) $15\,\% = \frac{15}{100} = \frac{3}{20}$

b) $0{,}6 = 60\,\% = \frac{60}{100} = \frac{3}{5}$

c) $0{,}035 = \frac{35}{1000} = \frac{7}{200}$

d) $40\,\% = \frac{40}{100} = \frac{2}{5}$

2 a) $\frac{1}{5} = \frac{20}{100} = 20\,\%$

b) $0{,}065 = 6{,}5\,\%$

c) $\frac{17}{20} = \frac{85}{100} = 85\,\%$

d) $0{,}55 = \frac{55}{100} = 55\,\%$

e) $1{,}19 = 1\frac{19}{100} = 119\,\%$

f) $2\frac{1}{2} = 2\frac{50}{100} = 250\,\%$

3 a) Bereich 1: $\frac{16}{100} = \frac{4}{25}$; Bereich 2: $\frac{9}{100} = 0{,}09$; Bereich 3: $\frac{30}{100} = 30\,\%$

b) Nein, Bereich 4 ist etwas kleiner als die Hälfte.

Bereich 4: $\frac{45}{100}$

Kapitel 2: Prozentwert, Prozentsatz, Grundwert

Seite 23

1 Berechne mit dem Operator den Prozentwert (W).

b) $W = 84\,\text{m} \cdot 0{,}2 = 16{,}8\,\text{m}$

c) $G = 500\,€$, $p\,\% = 8\,\%$, $W = 500\,€ \cdot 0{,}08 = 40\,€$

d) $W = 45\,\text{kg} \cdot 0{,}15 = 6{,}75\,\text{kg}$

e) $G = 260\,€$, $p\,\% = \frac{4}{5} = \frac{80}{100} = 80\,\%$, $W = 260\,€ \cdot 0{,}8 = 208\,€$

Seite 24

2 a) G ← :0,2 ← 180 m

G p % W

$G = 180\,\text{m} : 0{,}2 = 900\,\text{m}$

b) G ← :0,22 ← 132 €

G p % W

$G = 132\,€ : 0{,}22 = 600\,€$

c) G ← :0,25 ← 34 kg

G p % W

$G = 34\,\text{kg} : 0{,}25 = 136\,\text{kg}$

3

	a)	b)	c)	d)	e)	f)
Grundwert	250 €	300 kg	800 m	150 €	4100 g	2 m
Prozentsatz	8 %	60 %	42 %	84 %	56 %	8,5 %
Prozentwert	20 €	180 kg	336 m	126 €	2296 g	17 cm

a)

	%	€	
	100 %	250 €	
: 100 ↓	1 %	2,50 €	↓ : 100
· 8 ↓	8 %	20 €	↓ · 8

b)

	%	Gewicht	
	60 %	180 kg	
: 60 ↓	1 %	3 kg	↓ : 60
· 100 ↓	100 %	300 kg	↓ · 100

c)

	Länge	%	
	800 m	100 %	
: 800 ↓	1 m	$\frac{1}{8}$ %	↓ : 800
· 336 ↓	336 m	42 %	↓ · 336

d)

	%	€	
	84 %	126 €	
: 84 ↓	1 %	1,50 €	↓ : 84
· 100 ↓	100 %	150 €	↓ · 100

e)

	%	Gewicht	
	100 %	4100 g	
: 100 ↓	1 %	41 g	↓ : 100
· 56 ↓	56 %	2296 g	↓ · 56

f)

	Länge	%	
	200 cm	100 %	
: 200 ↓	1 cm	0,5 %	↓ : 200
· 17 ↓	17 cm	8,5 %	↓ · 17

Seite 25

4 a) gesucht: Höhe

	%	Höhe	
	100 %	312 m	
: 100 ↓	1 %	3,12 m	↓ : 100
· 37,2 ↓	37,2 %	116 m	↓ · 37,2

Die 2. Plattform liegt 116 m hoch.

b) gesucht: Höhe (3. Plattform)

	%	Höhe	
	100 %	312 m	
: 100 ↓	1 %	3,12 m	↓ : 100
· 88,5 ↓	88,5 %	276 m	↓ · 88,5

Nebenrechnung:
100 % – 11,5 % (Spitze) = 88,5 %
Aufzugfahrt (2.–3.):
276 m – 116 m = 160 m

c) gesucht: Höhe (neu)

	%	Höhe	
	100 %	312 m	
: 100 ↓	1 %	3,12 m	↓ : 100
· 103,8 ↓	103,8 %	324 m	↓ · 103,8

Die Höhe des Eiffelturms beträgt heute 324 m.

Lösungen

Seite 26

5 a)

	%	Fläche	
	100 %	18 Mio. km^2	
: 100 ↓	1 %	$\frac{18}{100}$ Mio. km^2	↓ : 100
· 47 ↓	47 %	8,46 Mio. km^2	↓ · 47

	%	Fläche	
	100 %	18 Mio. km^2	
: 100 ↓	1 %	$\frac{18}{100}$ Mio. km^2	↓ : 100
· 4 ↓	4 %	0,72 Mio. km^2	↓ · 4

b)

	Fläche	%	
	18 Mio. km^2	100 %	
: 18 ↓	1 Mio. km^2	$\frac{100}{18}$ %	↓ : 18
· 2,79 ↓	2,79 Mio. km^2	15,5 %	↓ · 2,79

c)

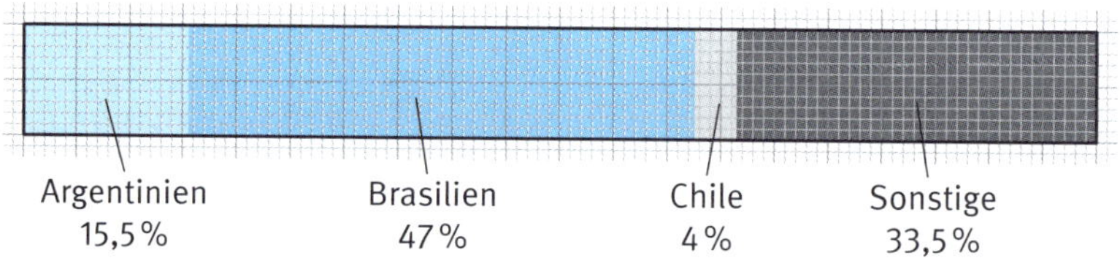

100 % – 15,5 % – 47 % – 4 % = 33,5 %

Seite 27

6

	a)	b)	c)	d)	e)	f)
Grundwert	300 €	120 €	700 €	800 €	80 €	200 €
Prozentsatz	10 %	20 %	50 %	25 %	75 %	15 %
Prozentwert	30 €	2 · 12 € = 24 €	350 €	200 €	80 € · $\frac{3}{4}$ = 60 €	20 € + 10 € = 30 €

7

	10 %	30 %	5 %	25 %	20 %	50 %	75 %	4 %
a) 600 €	60 €	180 €	30 €	150 €	120 €	300 €	450 €	24 €*
b) 240 m	24 m	72 m	12 m	60 m	48 m	120 m	180 m	4 · 2,40 m = 9,60 m

*(geteilt durch 100, mal 4)

Seite 28

8

Gerät	Handy	Computer	MP3-Player	Smartphone	Tablet
Prozentsatz	96 %	79 %	82 %	25 %	8 %
Anzahl der Besitzer	768	632	656	200	64

a)

	%	Anzahl	
	100 %	800	
:100 ↓	1 %	8	↓ :100
·96 ↓	96 %	768	↓ ·96

	Anzahl	%	
	800	100 %	
:800 ↓	1	$\frac{1}{8}$ %	↓ :800
·632 ↓	632	79 %	↓ ·632

	%	Anzahl	
	100 %	800	
:100 ↓	1 %	8	↓ :100
·82 ↓	82 %	656	↓ ·82

	%	Anzahl	
	100 %	800	
:4 ↓	25 %	200	↓ :4

Kopfrechnen!

	Anzahl	%	
	800	100 %	
:800 ↓	1	$\frac{1}{8}$ %	↓ :800
·64 ↓	64	8 %	↓ ·64

b) 768 + 623 + 656 + 200 + 64 = 2320 Geräte
2320 : 800 = 2,9 Geräte pro Jugendlicher

Fehler-Check

Seite 29

1 a) G = 240 €; p % = 12 %; W = 240 € · 0,12 = 28,80 €
b) W = 150 km; p % = 60 %; G = 150 km : 0,6 = 250 km
c) W = 12 Schüler; p % = 40 %; G = 12 Schüler : 0,4 = 30 Schüler

2

	a)	b)	c)
G	950 €	7200 kg	50 m
p %	4 %	35 %	13 %
W	38 €	2520 kg	6,5 m

a)

	%	€	
	4 %	38 €	
:4 ↓	1 %	9,50 €	↓ :4
·100 ↓	100 %	950 €	↓ ·100

b)

	%	kg	
	100 %	7200 kg	
:100 ↓	1 %	72 kg	↓ :100
·35 ↓	35 %	2520 kg	↓ ·35

c)

	m	%	
	50 m	100 %	
:50 ↓	1 m	2 %	↓ :50
·6,5 ↓	6,5 m	13 %	↓ ·6,5

L

Lösungen

3 Ein Spielfilm auf DVD kostet im Handel 19,98 €. Im Online-Versand sparst du 30 %.

a)

	%	€	
	100 %	19,98 €	
: 100 ↓	1 %	0,1998 €	↓ : 100
· 70 ↓	70 %	13,986 €	↓ · 70

Der Online-Preis beträgt 13,99 €.

b) 20 € : 10 = 2 € (10 %)
2 € · 3 = 6 € (30 %)
Die Ersparnis liegt bei ungefähr 6 €.

Kapitel 3: Vermehrter und verminderter Grundwert

Seite 33

1

	a)	b)	c)	d)	e)
Alter Preis	75 €	220 €	37,50 €	2,10 €	0,45 €
Erhöhung in %	8 %	6 %	12 %	9 %	6,5 %
Erhöhung in €	6 €	13,20 €	4,50 €	0,19 €	0,03 €
Neuer Preis	81 €	233,20 €	42 €	2,29 €	0,48 €

a) 75 € · 0,08 = 6 €
75 € + 6 € = 81 €

b) 220 € · 0,06 = 13,20 €
220 € + 13,20 € = 233,20 €

c) 37,50 € · 0,12 = 4,50 €
37,50 € + 4,50 € = 42 €

d) 2,10 € · 0,08 = 0,189 € ≈ 0,19 €
2,10 € + 0,19 € = 2,29 €

e) 0,45 € · 0,065 = 0,029 25 € ≈ 0,03 €
0,45 € + 0,03 € = 0,48 €

Die beiden letzten Teilaufgaben sind auf Cent gerundet worden.

2 a) Prozentfaktor: 100 % + 12 % = 112 % = 1,12
485 € · 1,12 = 543,20 €

b) Prozentfaktor: 1,023
2564 € · 1,023 = 2622,972 € ≈ 2622,97 €

c) Prozentfaktor: 1,0525
12,50 € · 1,0525 = 13,156 25 € ≈ 13,16 €

Seite 34

3

	a)	b)	c)	d)
Alter Preis	265 €	300 €	520 €	120 €
Prozentfaktor (Erhöhung)	1,15	1,04	1,07	1,05
Preiserhöhung in €	39,75 €	12 €	36,40 €	6 €
Neuer Preis	304,75 €	312 €	556,40 €	126 €

a) Neuer Preis = 265 € · 1,15 = 304,75 €
Preiserhöhung = 304,75 € − 265 € = 39,75 €

b) Alter Preis = 312 € : 1,04 = 300 €
Preiserhöhung = 312 € − 300 € = 12 €

c) Prozentfaktor = $\frac{556{,}40\,€}{520\,€} = 1{,}07$
Preiserhöhung = 556,40 € – 520 € = 36,40 €

d) Alter Preis = 126 € – 6 € = 120 €
Prozentfaktor = $\frac{126\,€}{120\,€} = 1{,}05$

4 a) Prozentfaktor = 100 % + 3,6 % = 103,6 % = 1,036
Gesamtvolumen = 330 ml · 1,036 = 341,88 ml

b) Prozentfaktor = 100 % – 16 % = 84 % = 0,84
Neuer Preis = 3,48 € · 0,84 ≈ 2,92 €

c) Prozentfaktor = 116 % = 1,16
Neuer Verkaufspreis = 2,92 € · 1,16 ≈ 3,39 €

Seite 35

5

	a)	b)	c)	d)	e)
Alter Preis	50 €	80 €	200 €	96 €	450 €
Prozentfaktor (Verminderung)	0,9	0,95	0,975	0,875	0,8
Preissenkung in €	5 €	4 €	5 €	12 €	90 €
Neuer Preis	45 €	76 €	195 €	84 €	360 €

a) Neuer Preis = 50 € · 0,9 = 45 €
Preissenkung = 50 € – 45 € = 5 €

b) Preissenkung = 80 € – 76 € = 4 €
Prozentfaktor = $\frac{76}{80}$ € = 0,95

c) Neuer Preis = 200 € · 0,975 = 195 €
Preissenkung = 200 € – 195 € = 5 €

d) Alter Preis = 84 € + 12 € = 96 €
Prozentfaktor = $\frac{84\,€}{96\,€} = 0{,}875$

e) Neuer Preis = 450 € – 90 € = 360 €
Prozentfaktor = $\frac{360\,€}{450\,€} = 0{,}8$

6 Prozentfaktor = 100 % – 7,5 % = 92,5 % = 0,925
Alter Preis (Schätzwert) = $\frac{240{,}50\,€}{0{,}925} = 260\,€$

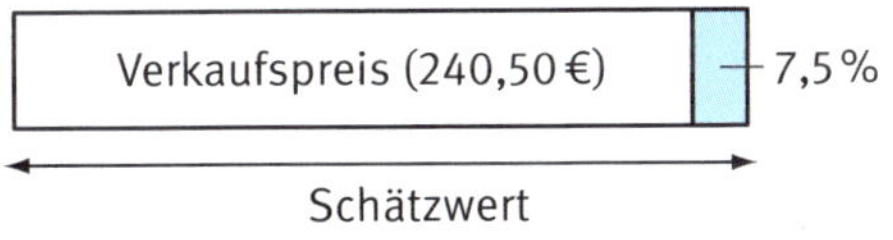

Seite 36

7 a) 11 990 € : 1,19 = 10 075,63 € (Preis ohne Mehrwertsteuer)

b) 10 075,63 € · 0,19 = 1914,37 € (Mehrwertsteuer)

c) 10 075,63 € · 1,15 (Luxemburg) = 11 586,98 €
11 990 € – 11 586,98 € = 403,02 €

8 a) 1,649 € : 1,19 = 1,386 € (ohne Mehrwertsteuer)
1,386 € · 0,19 = 0,263 €

b) Einkaufspreis = 1,386 € – 0,655 € – 0,10 € – 0,01 € = 0,621 €

c) Prozentsatz = $\frac{0{,}655\,€ + 0{,}263\,€}{1{,}649\,€} = 0{,}557 = 55{,}7\,\%$
Die Steuern machen mehr als 50 % aus.

Lösungen

Seite 37

Fehler-Check

1. Neuer Lohn = 2480 € · Prozentfaktor = 2480 € · 1,035 = 2566,80 €

   Prozentfaktor = 100 % + 3,5 % = 103,5 % = 1,035

2.

	a)	b)	c)
Alter Preis	325 €	164 €	2500 €
Prozentfaktor	1,12	0,85	0,78
Preisänderung +/– in €	+ 39 €	– 24,60 €	– 550 €
Neuer Preis	364 €	139,40 €	1950 €

a) Neuer Preis = 325 € · 1,12 = 364 €
   Preisänderung = 364 € – 325 € = 39 €
b) Neuer Preis = 164 € · 0,85 = 139,40 €
   Preisänderung = 164 € – 139,40 € = 24,60 €
c) Alter Preis = 1950 € : 0,78 = 2500 €
   Preisänderung = 2500 € – 1950 € = 550 €

3. Preis mit MwSt. = 442 € · 1,19 = 525,98 €
   Preis nach Abzug von 3 % = 525,98 · 0,97 = 510,20 €

Kapitel 4: Prozentsätze und Diagramme

Seite 43

1.

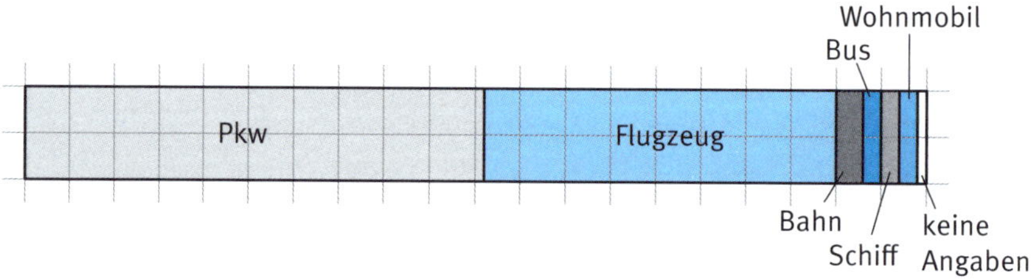

2. a) USA: 9 %, Russland: 7 %, China: 13 %; Zusammen: 29 %
   b) W_{China} = 2700 t · 0,13 = 351 t
   $W_{Australien}$ = 2700 t · 0,1 = 270 t

Seite 44

3 a) Route 2 = 24 500 km · 0,4 = 9800 km

b)

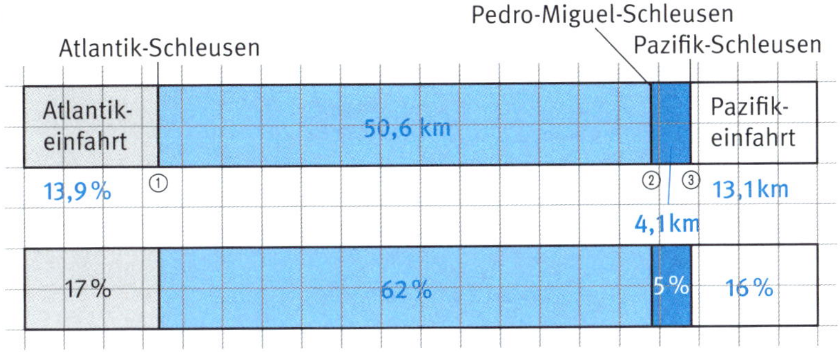

Messung: Pazifikfahrt = 16 %

Rechnung: ① – ② = 100 % – 17 % – 5 % – 16 % = 62 %

Die Prozentwerte lauten: Atlantikeinfahrt = 81,6 km · 0,17 ≈ 13,9 km

① – ② = 81,6 km · 0,62 ≈ 50,6 km

② – ③ = 81,6 km · 0,05 ≈ 4,1 km

Pazifikeinfahrt = 81,6 km · 0,16 ≈ 13,1 km

Seite 45

4 a)

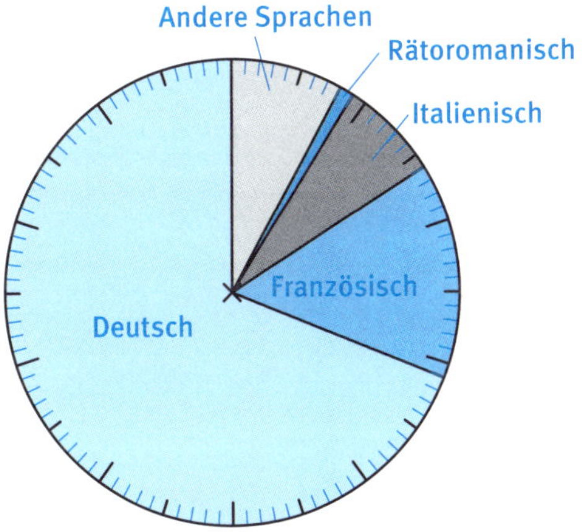

b) $W_{Deutsch} = 8\,000\,000 \cdot 0{,}64 = 5\,120\,000$

$W_{Französisch} = 8\,000\,000 \cdot 0{,}20 = 1\,600\,000$

$W_{Rätoromanisch} = 8\,000\,000 \cdot 0{,}01 = 80\,000$

$W_{andere\ Sprachen} = 8\,000\,000 \cdot 0{,}08 = 640\,000$

Seite 46

5 a)

Braunkohle:	$26 \cdot 3{,}6°$	=	$93{,}6°$	≈	$94°$
Steinkohle:	$19 \cdot 3{,}6°$	=	$68{,}4°$	≈	$68°$
Kernenergie:	$16 \cdot 3{,}6°$	=	$57{,}6°$	≈	$58°$
Erdgas:	$11 \cdot 3{,}6°$	=	$39{,}6°$	≈	$40°$
Erdöl:	$2 \cdot 3{,}6°$	=	$7{,}2°$	≈	$7°$
Regenerative Energien:	$22 \cdot 3{,}6°$	=	$79{,}2°$	≈	$79°$
Sonstige:	$4 \cdot 3{,}6°$	=	$14{,}4°$	≈	$14°$

b) (Grafik hier verkleinert)

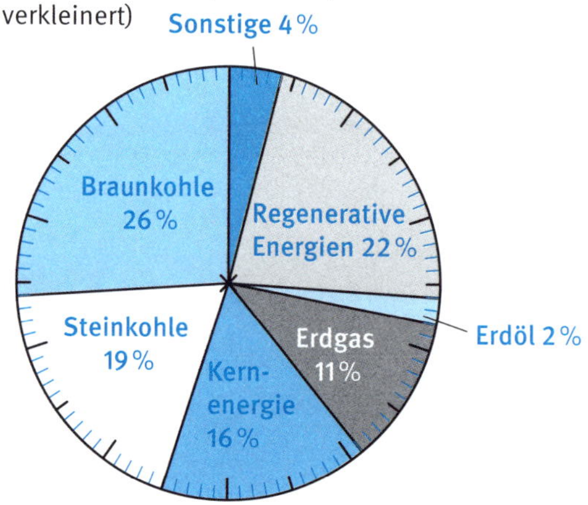

6 a) Freizeit: 45 %; Berufs- und Ausbildungsverkehr: 24 %; Einkauf: 9 %; Urlaub: 9 %; Geschäftsreisen: 13 %

b)

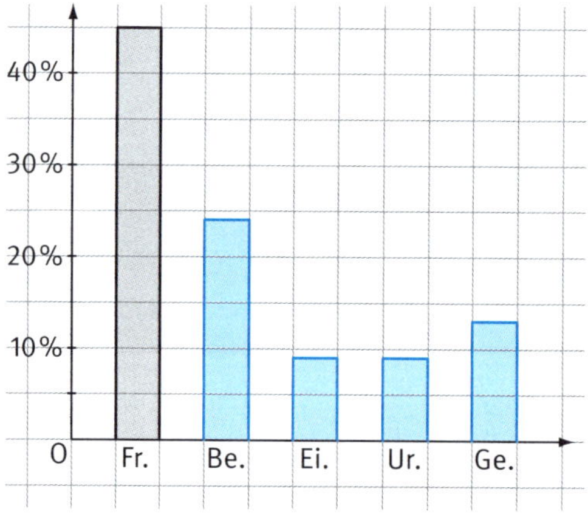

Seite 47

7 Größter Unterschied in der Flächennutzung
NW – D:
Siedlung und Verkehr:
NW: 20 % $\Rightarrow$ Unterschied = 7 %
D: 13 %
Grund: Größere Bevölkerungsdichte in Nordrhein-Westfalen im Vergleich zu Deutschland.

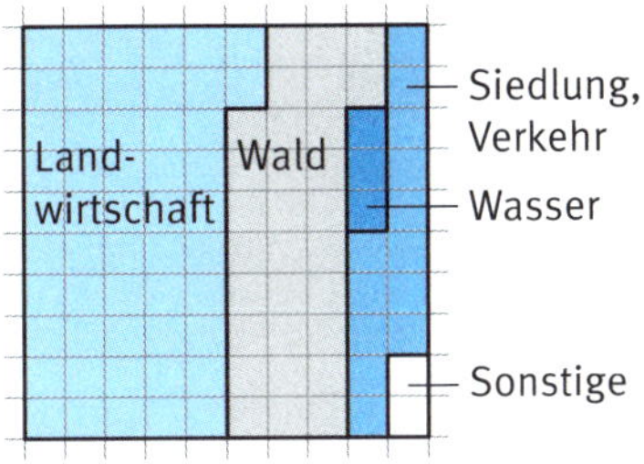

Fehler-Check

Seite 48

1 Buche: 2,4 cm, Gesamtlänge: 10 cm, $p\,\% = \frac{2{,}4}{10} = 0{,}24 = 24\,\%$
$W_{Buche} = 150$ Schreibtische $\cdot\, 0{,}24 = 36$ Schreibtische

2 Winkelberechnung:

Asien	$30 \cdot 3{,}6° = 108°$
Amerika	$28 \cdot 3{,}6° = 100{,}8° \approx 101°$
Afrika	$20 \cdot 3{,}6° = 72°$
Antarktis	$9 \cdot 3{,}6° = 32{,}4° \approx 32°$
Europa	$7 \cdot 3{,}6° = 25{,}2° \approx 25°$
Australien	$6 \cdot 3{,}6° = 21{,}6° \approx 22°$

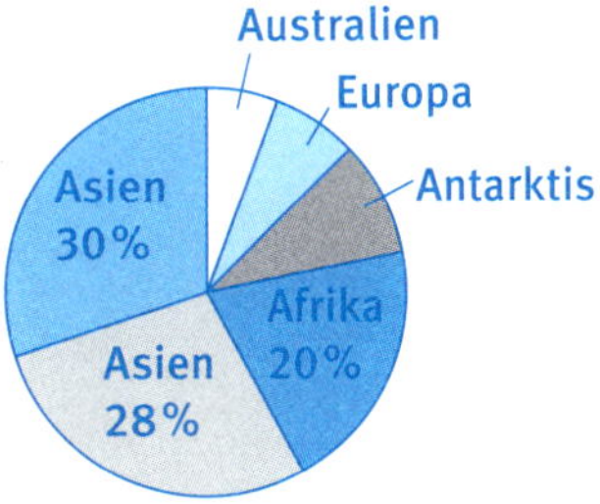

3 Fehlende Daten: p % (Pazifischer Ozean) = 50 %
p % (Atlantischer Ozean) = 29 %
p % (Indischer Ozean) = 21 %
Grundwert G = 75,6 Mio. $km^2 : 0{,}21 = 360$ Mio. km^2
W (Pazifischer Ozean) = 180 Mio. km^2 ($\rightarrow$ 50 %!)
W (Atlantischer Ozean) = 360 Mio. $km^2 \cdot 0{,}29 = 104{,}4\,km^2$

Kapitel 5: Grundgleichung der Prozentrechnung

Seite 52

1 a) $W = \frac{12}{100} \cdot 480\,m = 57{,}60\,m$
b) $W = \frac{5{,}5}{100} \cdot 1250 = 68{,}75\,€$
c) $p\,\% = \frac{14\,g}{30\,g} = 0{,}4\overline{6} = 46{,}\overline{6}\,\%$
d) $p\,\% = \frac{0{,}75\,l}{5\,l} = 0{,}15 = 15\,\%$
e) $G = 300\,€ \cdot \frac{100}{2{,}5} = 12\,000\,€$
f) $G = 68{,}4\,g \cdot \frac{100}{2} = 3420\,g$

2 $W = 120\,kg$ $\quad p\,\% = 3\,\%$ $\quad G = 120\,kg \cdot \frac{100}{3} = 4000\,kg$

3 Die Straßen in Deutschland sind wie folgt verteilt:
$G = 12\,800\,km + 231\,000\,km + 457\,200\,km = 701\,000\,km$
p % (Autobahn) $= \frac{12\,800\,km}{701\,000\,km} = 1{,}8\,\%$
p % (außerorts) $= \frac{231\,000\,km}{701\,000\,km} = 33{,}0\,\%$
p % (Städte) $= \frac{457\,200\,km}{701\,000\,km} = 65{,}2\,\%$

Lösungen

Seite 53

4 a) $G = 59\,km$
$W = 43\,km - 17\,km = 26\,km$
$p\,\% = \frac{26\,km}{59\,km} \approx 44\,\%$

b) Höhenunterschied $(G) = 430\,m - 110\,m = 320\,m$
$W = 430\,m - 380\,m = 50\,m$
$p\,\% = \frac{50\,m}{320\,m} \approx 15{,}6\,\%$

c) $W = 3{,}5$ Std.
$p\,\% = 29\,\%$
$G = 3{,}5\,\text{Std.} \cdot \frac{100}{29} \approx 12\,\text{Std.}$

Seite 54

5 a) $p\,\% = 20{,}7\,\%$ (Malmedy)
$p\,\% = 79{,}3\,\%$ (Eupen und St. Vith)
$W = 73\,675$
$G = 73\,675 \cdot \frac{100}{79{,}3} \approx 92\,907$ Einwohner
$92\,907 - 73\,675 = 19\,232$ Einwohner (Malmedy)

b) $p\,\% = 39{,}3\,\%$
$G = 11\,000\,000$
$W = 11\,000\,000 \cdot \frac{39{,}3}{100} = 4\,323\,000$ Personen

Seite 55

6

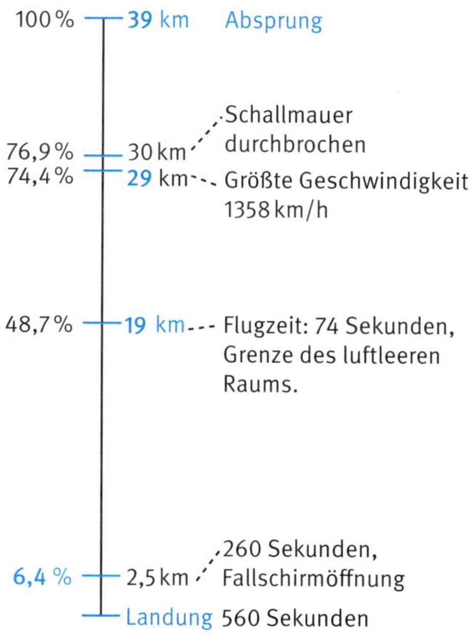

a) $W = 30\,km$
$p\,\% = 76{,}9\,\%$
$G = 30\,km \cdot \frac{100}{76{,}9} \approx 39\,km$

b) $G = 39\,km$
$p\,\% = 74{,}4\,\%$
$W = 39\,km \cdot \frac{74{,}4}{100} = 29\,km$

c) $G = 39\,km$
$p\,\% = 48{,}7\,\%$
$W = 39\,km \cdot \frac{48{,}7}{100} = 19\,km$
$39\,km - 19\,km = 20\,km$

d) $p\,\% = \frac{2{,}5\,km}{39\,km} = 0{,}064 = 6{,}4\,\%$

Fehler-Check

Seite 56

1

Grundwert	Prozentwert	Prozentsatz
400 €	60 €	15 %
7000 m	1820 m	26 %
520 g	39 g	7,5 %

Grundgleichung

$p\,\% = \frac{60\,€}{400\,€} = 15\,\%$

$G = 1820\,m \cdot \frac{100}{26} = 7000\,m$

$W = 520\,g \cdot \frac{7{,}5}{100} = 39\,g$

Rechenkreuz

100 %	400 €
x	60 €

$\rightarrow x = \frac{100\,\% \cdot 60\,€}{400\,€} = 15\,\%$

26 %	1820 m
100 %	x

$\rightarrow x = \frac{100\,\% \cdot 1820\,m}{26\,\%} = 7000\,m$

100 %	520 g
7,5 %	x

$\rightarrow x = \frac{7{,}5\,\% \cdot 520\,g}{100\,\%} = 39\,g$

2 $G = 4{,}5\,l + 3{,}5\,l = 8\,l$

$W\,(gelb) = 4{,}5\,l$ $\quad p\,\%\,(gelb) = \frac{4{,}5\,l}{8\,l} = 56{,}25\,\%$

$W\,(rot) = 3{,}5\,l$ $\quad p\,\%\,(rot) = \frac{3{,}5\,l}{8\,l} = 43{,}75\,\%$

3 **Grundgleichung**

$G = 1534{,}24\,€ \cdot \frac{100}{89{,}2} = 1720\,€$

Rechenkreuz

89,2 %	1534,24 €
100 %	x

$\rightarrow x = \frac{100\,\% \cdot 1534{,}24\,€}{89{,}2\,\%} = 1720\,€$

Lösungen

Kapitel 6: Prozentrechnung im Alltag: Brutto – Netto, Rabatt – Skonto

Seite 61

1 a) $G = W \cdot \frac{100}{p} = 10{,}95\,€ \cdot \frac{100}{107} \approx 10{,}23\,€$

$\text{MwSt.} = \frac{7}{100} \cdot 10{,}23\,€ = 0{,}72\,€$

b) Der Nettopreis des Buches liegt bei 10,23 €.

2 $G = 3510\,€$
$p\,\% = 38{,}845\,\%$ $\rightarrow$ $\text{Nettogehalt} = W = G \cdot \frac{61{,}155}{100} = 2146{,}54\,€$

$100\,\% - 38{,}845\,\% = 61{,}155\,\%$

3 a) Selbstkostenpreis = 1720 € · 1,125 = 1935 €
Nettoverkaufspreis = 1935 € · 1,25 = 2418,75 €
Bruttoverkauspreis = 2418,75 € · 1,19 ≈ 2878,31 €
Auf dem Preisschild muss 2878,31 € stehen.

b) Gewinn = (Nettoverkaufpreis – Selbstkostenpreis) · 50
= (2418,75 € – 1935 €) · 50
= 24 187,50 €

Seite 62

4

	a)	b)	c)	d)	e)
Nettopreis	53,78 €	10,08 €	12,10 €	32,64 €	11,11 €
Mehrwertsteuer in %	19 %	19 %	7 %	25 %	8 %
Prozentfaktor	1,19	1,19	1,07	1,25	1,08
Bruttopreis	64 €	12,00 €	12,95 €	40,80 €	12 €

a) Prozentfaktor = 1,19
Nettopreis = 64 € : 1,19 = 53,78 €

b) Prozentfaktor = 100 % + 19 % = 119 % = 1,19
Bruttopreis = 10,08 € · 1,19 ≈ 12,00 €

c) MwSt. = 7 %
Nettopreis = 12,95 € : 1,07 = 12,10 €

d) Prozentfaktor = 1,25
Nettopreis = 40,80 € : 1,25 = 32,64 €

e) $\text{Prozentfaktor} = \frac{12\,€}{11{,}11\,€} = 1{,}08$

MwSt. = 8 %

5 Nettopreis = 39,95 € : 1,19 = 33,57 €
Bruttopreis (Belgien) = 33,57 € · 1,21 = 40,62 €

6 Bruttopreis = 83,19 € · 1,19 = 99 €

$2\,\%\text{ Skonto von }99\,€ = \frac{2}{100} \cdot 99\,€ = 1{,}98\,€$

99 € – 1,98 € = 97,02 € (Preis für ein Regal mit Skonto)
3 · 97,02 € = 291,06 €

Seite 63

7 a) Rabatt = Bruttopreis (ohne Rabatt) – 899 €
Bruttopreis (ohne Rabatt) = $G = W \cdot \frac{100}{p} = 899\,€ \cdot \frac{100}{70} = 1284{,}29\,€$
Rabatt = 385,29 €
b) Mit Rabatt: MwSt. = $(899\,€ : 1{,}19) \cdot 0{,}19 = 143{,}54\,€$
Ohne Rabatt: MwSt. = $(1284{,}29\,€ : 1{,}19) \cdot 0{,}19 = 205{,}05\,€$
c) Nettopreis = 1284,29 € – 205,05 € = 1079,24 €

Fehler-Check

Seite 64

1 Nettopreis = 39,80 € : 1,07 ≈ 37,20 €
↓
Prozentfaktor
Mehrwertsteuer = 39,80 € – 37,20 € = 2,60 €

2 a) $p\,\% = \frac{11\,990\,€}{15\,070\,€} = 0{,}796 = 79{,}6\,\%$
Rabatt (in %) = 100 % – 79,6 % = 20,4 % → Der Händler hält sich an die Rabattgrenze.
b) $15\,070\,€ \cdot \frac{23}{100} = 3466{,}10\,€$
15 070 € – 3466,10 € = 11 603,90 €
Gewinn = 20 % → Prozentfaktor = 1,2
Selbstkostenpreis = 11 603,90 : 1,2 = 9669,92 €

3 $199\,€ \cdot \frac{40}{100} = 79{,}60\,€$
199 € – 79,60 € = 119,40 €
$119{,}40\,€ \cdot \frac{2}{100} \approx 2{,}39\,€$
119,40 – 2,39 € = 117,01 €

Kapitel 7: Zinsrechnung und Zinseszinsen

Seite 72

1 K = 250 €
p % = 2,25 %
$Z = K \cdot \frac{p}{100} = 250\,€ \cdot \frac{2{,}25}{100} \approx 5{,}63\,€$
Guthaben (nach einem Jahr) = 250 € + 5,63 € = 255,63 €

2 p % = 4,2 %
Z = 50 €
$K = Z \cdot \frac{100}{p} = 50\,€ \cdot \frac{100}{4{,}2} = 1190{,}48\,€$
Vitali muss 1190,48 € einzahlen.

Lösungen

3 $K_0 = 1500\,€$
$t = 6$ Jahre
$p\,\% = 4{,}25\,\%$
$q = 1{,}0425$
$K_n = K_0 \cdot q^n = 1500\,€ \cdot 1{,}0425^6 \approx 1925{,}52\,€$
Zinsen $= 1925{,}52\,€ - 1500\,€ = 425{,}52\,€$
Sophies Kapital stieg auf 1925,52 €, sie erhielt 425,52 € Zinsen.

Seite 73

4

	a)	b)	c)	d)	e)	f)
K	850 €	1030 €	2305 €	135 000 €	72 €	800 €
p %	1,75 %	2,5 %	3,25 %	4 %	10 %	4,5 %
t	1 Jahr	4 Monate	35 Tage	1 Monat	45 Tage	350 Tage
Z	14,88 €	8,58 €	7,28 €	450 €	0,90 €	35 €

a) $\frac{p}{100} = \frac{Z}{K} = \frac{14{,}88\,€}{850\,€} = 0{,}0175 = 1{,}75\,\%$

b) $Z = K \cdot \frac{p}{100} \cdot t = 1030\,€ \cdot \frac{2{,}5}{100} \cdot \frac{4}{12} \approx 8{,}58\,€$

c) $Z = K \cdot \frac{p}{100} \cdot t = 2305\,€ \cdot \frac{3{,}25}{100} \cdot \frac{35}{360} \approx 7{,}28\,€$

d) $K = \frac{Z \cdot 100}{p \cdot t} = \frac{450\,€ \cdot 100}{4 \cdot \frac{1}{12}} = 135\,000\,€$

e) $\frac{p}{100} = \frac{Z}{K \cdot t} = \frac{0{,}90\,€}{72\,€ \cdot \frac{45}{360}} = 0{,}1 = 10\,\%$

f) $t = \frac{Z \cdot 100}{K \cdot p} = \frac{35\,€ \cdot 100}{800\,€ \cdot 4{,}5} = 0{,}97\overline{2}$ Jahre $\xrightarrow{\cdot 360}$ 350 Tage

Seite 74

5

Bank	Jahre	Kapital	Zinsen	Kapital + Zinsen	
A	n = 4	2000 €		$K_4 = 2000\,€ \cdot 1{,}025^4 = 2207{,}63\,€$	
B	0	2000 €	20 €	2020 €	
	1	2020 €	40,40 €	2060,40 €	
	2	2060,40 €	61,81 €	2122,21 €	
	3	2122,21 €	84,89 €	2207,10 €	4. Jahr: 2207,10 €
C	0	2000 €	120 €	2120 €	
	1	2120 €	21,20 €	2141,20 €	
	2	2141,20 €	21,41 €	2162,61 €	
	3	2162,61 €	21,63 €	2184,24 €	4. Jahr: 2184,24 €

Alexandra sollte das Angebot A (Sparbuch) wählen.

6 a) $5 \cdot 240\,€ = 1200\,€$

b)

Jahre	Kapital	Rate	Kapital + Rate	Zinsen	Kapital + Rate + Zinsen
0	0 €	240 €	240 €	12 €	252 €
1	252 €	240 €	492 €	24,60 €	516,60 €
2	516,60 €	240 €	756,60 €	37,83 €	794,43 €
3	794,43 €	240 €	1034,43 €	51,72 €	1086,15 €
4	1086,15 €	240 €	1326,15 €	66,31 €	1392,46 €
5	1392,46 €	–	–	–	–

Zinsen:
$240\,€ \cdot 0{,}05 = 12\,€$
$492\,€ \cdot 0{,}05 = 24{,}60\,€$
$756{,}60\,€ \cdot 0{,}05 = 37{,}83\,€$
$1034{,}43\,€ \cdot 0{,}05 = 51{,}72\,€$
$1326{,}15\,€ \cdot 0{,}05 = 66{,}31\,€$
Der Sparvertrag ist nach 5 Jahren 1392,46 € wert.

Seite 76

7

	a)	b)	c)	d)
Rate R	240 €	360 €	360 €	720 €
Zinssatz p %	6 %	6 %	5 %	5 %
Laufzeit n	5 Jahre	5 Jahre	18 Jahre	18 Jahre
Kapital K_n	1434,08 €	2151,11 €	10 634,04 €	21 268,08 €

8 a) A: $K_n = K_0 \cdot q^n = 2400\,€ \cdot 1{,}04^6 = 3036{,}77\,€$
B: $K_n = K_0 \cdot q^n = 2400\,€ \cdot 1{,}06^4 = 3029{,}94\,€$
Angebot A ist günstiger.

b) Entweder probierst du aus, nach wie viel Jahren $K_n = 4800\,€$ überschritten wird, oder du rechnest mit $n = \frac{\log\left(\frac{K_n}{K_0}\right)}{\log q}$

A: $n = \frac{\log\left(\frac{4800\,€}{2400\,€}\right)}{\log 1{,}04} = 17{,}67$ Jahre

B: $n = \frac{\log\left(\frac{4800\,€}{2400\,€}\right)}{\log 1{,}06} = 11{,}90$ Jahre

L Lösungen

Seite 77

9

	a)	b)	c)	d)	e)	f)
K_0	100 €	2250 €	2735,17 €	3500 €	200 €	20 000 €
p %	3 %	4 %	9 %	8 %	1%	6 %
q	1,03	1,04	1,09	1,08	1,01	1,06
n	5 Jahre	25 Jahre	7 Jahre	9 Jahre	20 Jahre	10 Jahre
K_n	115,93 €	5998,13 €	5000 €	6996,50 €	244,04 €	35 817 €

a) $q = 1{,}03$
$K_n = 100\,€ \cdot 1{,}03^5 \approx 115{,}93\,€$

b) $p\,\% = 4\,\%$
$K_n = 2250\,€ \cdot 1{,}04^{25} \approx 5{,}998{,}13\,€$

c) $q = 1{,}09$
$K_0 = \frac{K_n}{q^n} = \frac{5000\,€}{1{,}09^7} \approx 2735{,}17\,€$

d) $q = \sqrt[n]{\frac{K_n}{K_0}} = \sqrt[9]{\frac{6996{,}50\,€}{3500\,€}} \approx 1{,}08$
$p\,\% = 8\,\%$

e) $q = 1{,}01$
$K_n = 200\,€ \cdot 1{,}01^{20} \approx 244{,}04\,€$

f) $p\,\% = 6\,\%$
$n = \frac{\log\left(\frac{K_n}{K_0}\right)}{\log q} = \frac{\log\left(\frac{35\,817\,€}{20\,000\,€}\right)}{\log 1{,}06} \approx 10$ Jahre

Seite 78

Fehler-Check

1 $p\,\% = 5\,\%$ $Z = 50\,€$ $t = \frac{1}{2}$ Jahr $K = \frac{Z \cdot 100}{t \cdot p} = \frac{50\,€ \cdot 100}{0{,}5 \cdot 5} = 2000\,€$

2 $K_n = K_0 \cdot q^n$
$K_0 = 500\,€$
$q = 1{,}025$
$n = 10$ Jahre
$K_n = 500\,€ \cdot 1{,}025^{10} = 640{,}04\,€$
Das Guthaben beträgt 640,04 €.

3 $q = 1{,}045$
$K_n = 4 \cdot 10\,000\,€ = 40\,000\,€$
$K_n = K_0 \cdot q^n = 10\,000\,€ \cdot 1{,}045^n$
$n = 10$: $K_n = 10\,000\,€ \cdot 1{,}045^{10} = 15\,529{,}69\,€$
$n = 30$: $K_n = 10\,000\,€ \cdot 1{,}045^{30} = 37\,453{,}18\,€$
$n = 32$: $K_n = 10\,000\,€ \cdot 1{,}045^{32} = 40\,899{,}81\,€$
$n = 31$: $K_n = 10\,000\,€ \cdot 1{,}045^{31} = 39\,138{,}58\,€$
Nach 32 Jahren hat sich das Kapital vervierfacht.

Kapitel 8: Promillerechnung

Seite 82

1 a) $\frac{1{,}3}{100} = \frac{13}{1000} = 13\,‰$

b) $0{,}75\,\% = \frac{0{,}75}{100} = \frac{7{,}5}{1000} = 7{,}5\,‰$

c) $\frac{5}{1000} = 5\,‰$

d) $\frac{17}{10\,000} = \frac{1{,}7}{1000} = 1{,}7\,‰$

e) $0{,}03 = \frac{3}{100} = \frac{30}{1000} = 30\,‰$

f) $0{,}0005 = \frac{5}{10\,000} = \frac{0{,}5}{1000} = 0{,}5\,‰$

2 a) $p\,‰ = \frac{p}{1000} = \frac{2{,}40\,€}{5000\,€} = 0{,}00\,048 = \frac{0{,}48}{1000} = 0{,}48\,‰$

b) $\frac{p}{1000} = \frac{0{,}55\,m}{2200\,m} = 0{,}00\,025 = \frac{0{,}25}{1000} = 0{,}25\,‰$

c) $\frac{p}{1000} = \frac{3\,mg}{2500\,mg} = 0{,}0012 = \frac{1{,}2}{1000} = 1{,}2\,‰$

3

	a)	b)	c)
Grundwert G	80 000 €	250 000 €	**22 000 €**
Promillesatz p ‰	1,2 ‰	**2,5‰**	8 ‰
Promillewert W	**96 €**	625 €	176 €

a) $W = G \cdot \frac{p}{1000} = 80\,000\,€ \cdot \frac{1{,}2}{1000} = 96\,€$

b) $p\,‰ = \frac{p}{1000} = \frac{W}{G} = \frac{625\,€}{250\,000\,€} = 0{,}0025 = \frac{2{,}5}{1000} = 2{,}5\,‰$

c) $G = W \cdot \frac{1000}{p} = 176\,€ \cdot \frac{1000}{8} = 22\,000\,€$

Seite 83

4 a) $\text{Gefälle} = p\,‰ = \frac{W}{G} = \frac{\text{Höhenunterschied}}{\text{Länge}} = \frac{371\,m}{95\,400\,m} \approx 3{,}9\,‰$

b) $W = p\,‰ \cdot G = 3{,}9\,‰ \cdot 4400\,m = \frac{3{,}9}{1000} \cdot 4400\,m \approx 17{,}16\,m$

c)

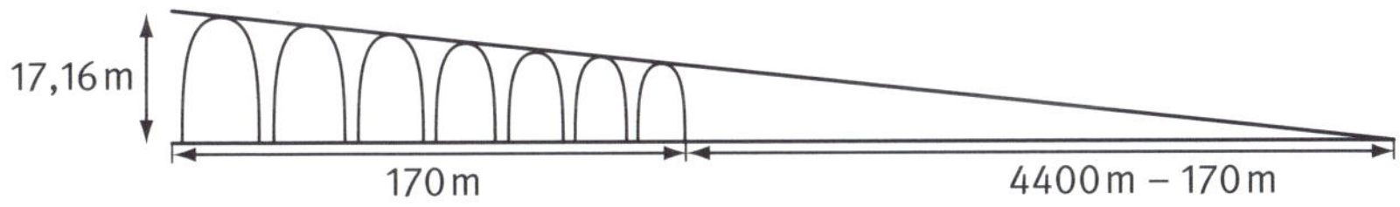

$\text{Gefälle Aquädukt} = \frac{1}{125} = 0{,}008 = \frac{8}{1000} = 8\,‰$

$\text{Höhenunterschied Aquädukt} = W = p\,‰ \cdot G = 8\,‰ \cdot 170\,m = \frac{8}{1000} \cdot 170\,m$

$= 1{,}36\,m$

$17{,}16\,m - 1{,}32\,m = 15{,}84\,m$ (maximaler Höhenunterschied für den Rest)

$\text{Gefälle Rest} = \frac{W}{G} = \frac{15{,}84\,m}{4230\,m} \approx 0{,}0037 = 3{,}7\,‰$

d) $p\,‰ = \frac{44\,m - 36\,m}{33\,000\,m} = 0{,}00\,024 = 0{,}24\,‰$

Das Fließgefälle der Wasserleitung ist viel größer $\left(\frac{3{,}9\,‰}{0{,}24\,‰} = 16{,}25\right)$ als das des Rheins zwischen Bonn und Köln.

Seite 85

5 $W = p\,‰ \cdot G = \frac{1{,}25}{1000} \cdot 315\,000\,€ = 393{,}75\,€$

Lösungen

6 a) Steigung $= \frac{898\,m - 439\,m}{30\,000\,m} = 0{,}0153 = 15{,}3\,‰$

Gefälle $= \frac{898\,m - 681\,m}{12\,000\,m} \approx 0{,}0181 = 18{,}1\,‰$

b) Steigung $= \frac{1}{200} = 0{,}005 = 5\,‰$

Höhenunterschied $= 898\,m - 439\,m = 459\,m$

$p\,‰ = \frac{\text{Höhenunterschied}}{\text{Länge}}$

$5\,‰ = \frac{459\,m}{\text{Länge}} \quad | \cdot \text{Länge}$

$5\,‰ \cdot \text{Länge} = 459\,m \quad | : 5\,‰$

$\text{Länge} = \frac{459\,m}{5\,‰} = \frac{459\,m}{0{,}005} = 91\,800\,m = 91{,}8\,km$

Das Teilstück von Gloggnitz bis Semmering hätte mit 91,8 km mehr als dreimal so lang sein müssen.

c) Andenbahn: $p\,‰ = \frac{4818\,m - 153\,m}{133\,000\,m} \approx 0{,}035 = 35\,‰$

Lhasabahn: $p\,‰ = \frac{2237\,m}{604\,000\,m} \approx 0{,}0037 = 3{,}7\,‰$

Die Andenbahn verläuft im Vergleich zur Lhasabahn sehr steil.

Seite 87

7 a) $W = p\,‰ \cdot G = 0{,}5\,‰ \cdot 8412\,€ = \frac{0{,}5}{1000} \cdot 8412\,€ \approx 4{,}21\,€$

b) $W = \frac{2}{1000} \cdot 32\,500\,€ = 65\,€$

c) $W = \frac{1}{1000} \cdot 1750\,€ = 1{,}75\,€$

Seite 88

8 0,5 l Bier ≙ 20 g Alkohol → 0,1 l Bier ≙ 4 g Alkohol

$BAK = \frac{24\,g}{68\,000\,g \cdot 0{,}7} = 0{,}0005 = 0{,}5\,‰.$

Mario sollte nicht fahren.

9 a) CO_2: $0{,}039\,\% = \frac{0{,}039}{100} = 0{,}00\,039 = 390\,ppm$

b)

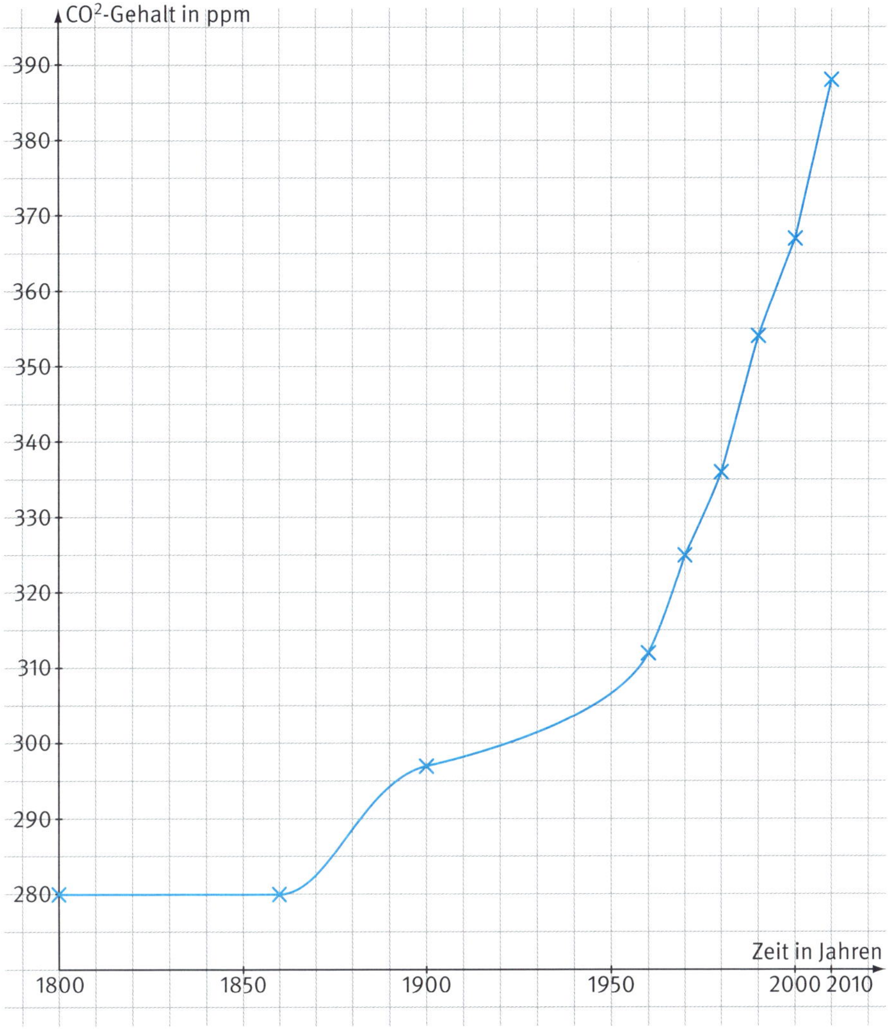

Größter Anstieg: 2000 bis 2010 → 388 ppm – 367 ppm = 21 ppm
Durschnittliche Zunahme pro Jahr: 21 ppm : 10 Jahre = 2,1 ppm pro Jahr
400 ppm – 388 ppm (im Jahr 2010) = 12 ppm
12 ppm : 1,4 ppm (Durchschnitt pro Jahr) ≈ 8,6 Jahre
Im Jahr 2018 wird der CO_2-Gehalt auf der Erde 400 ppm betragen.

c) $500\,ppb = 0{,}000\,005 = 5\,ppm$
$390\,ppm : 5\,ppm = 78$
$1{,}98 : 1{,}29 \approx 1{,}53$
CO_2 ca. 1,53-mal schwerer als Luft.

Seite 92

Fehler-Check

1 a) $5\,\% = 50\,‰$ b) $\frac{17}{4000} = 0{,}00\,425 = 4{,}25\,‰$
c) $0{,}15 = 150\,‰$ d) $390\,ppm = 0{,}00\,039 = 0{,}39\,‰$

2

	a)	b)	c)
Grundwert G	4400 m	1250 €	30 000 €
Promillesatz p ‰	0,5 ‰	2 ‰	4,5 ‰
Promillewert W	2,2 m	2,50 €	135 €

a) $W = G \cdot \frac{p}{1000} = 4400\,m \cdot \frac{0{,}5}{1000} = 2{,}2\,m$
b) $p\,‰ = \frac{p}{1000} = \frac{W}{G} = \frac{2{,}50\,€}{1250\,€} = 0{,}002 = 2\,‰$
c) $G = W \cdot \frac{1000}{p} = 135\,€ \cdot \frac{1000}{4{,}5} = 30\,000\,€$

3 $W = G \cdot \frac{p}{1000} = 80\,000\,€ \cdot \frac{1{,}25}{1000} = 100\,€$
Die Versicherung kostet 100 € pro Jahr.

Kapitel 9: Bruttolohn, Nettolohn und Steuern

Seite 97

1 a) Alexander verdient maximal 646 € und Nina $\frac{110}{100} \cdot 646\,€ = 710{,}60\,€$.
Bei einem monatlichen Verdienst von 750 € sind beide noch steuerfrei (die Steuerfreiheitsgrenze liegt im Moment knapp unter 1000 €).

b) 1. Ausbildungsjahr: $515\,€ \cdot \frac{110}{100} = 566{,}50\,€$ (Bruttolohn)
Sozialabgaben (Nina): $566{,}50\,€ \cdot 20{,}175\,\%$ (siehe Regeln 3.) $= 114{,}29\,€$
Nettolohn $= 566{,}50\,€ - 114{,}29\,€ = 452{,}21\,€$

c) Alexander (3. Jahr): $591\,€ \cdot \frac{8{,}2}{100} = 48{,}46\,€$
$48{,}46\,€ \cdot 12 = 581{,}52\,€$
Im 3. Jahr muss Alexander 581,52 € für die Krankenversicherung bezahlen.

d) Bruttolohn: 1955 €
Lohnsteuer: 204,60 €
Solidaritätszuschlag: $\frac{5{,}5}{100} \cdot 204{,}60\,€ = 11{,}25\,€$
Kirchensteuer: $\frac{9}{100} \cdot 204{,}60\,€ = 18{,}41\,€$
Sozialabgaben: $\frac{20{,}175}{100} \cdot 1955\,€ = 394{,}42\,€$
Nettolohn $= 1955\,€ - (204{,}60\,€ + 11{,}25\,€ + 18{,}41\,€ + 394{,}42\,€) = 1326{,}32\,€$

e) Verheiratet: Lohnsteuer = 27,33 €
Solidaritätszuschlag = 0 €! (Lohnsteuer unter 81 €)
Kirchensteuer = $\frac{9}{100} \cdot 27{,}33\,€ = 2{,}45\,€$
Zusammen: 29,78 €
Unverheiratet: 204,60 € + 11,25 € + 18,41 € = 234,26 €
Ersparnis: 234,26 € – 29,78 € = 204,48 €.
Nina würde 204,48 € pro Monat einsparen.

Seite 100

2 Bruttolohn 1955 € → Nettolohn 1326,32 € (Aufgabe 1d)
Bruttolohn: 2500 €
Lohnsteuer: 335,58 €
Solidaritätszuschlag: $\frac{5{,}5}{100} \cdot 335{,}58\,€ = 18{,}45\,€$
Kirchensteuer: $\frac{9}{100} \cdot 335{,}58\,€ = 30{,}20\,€$
Sozialabgaben: $\frac{20{,}175 + 0{,}25}{100} \cdot 2500\,€ = 510{,}63\,€$
Nettolohn = 2500 € – (335,58 € + 18,45 € + 30,20 € + 510,63 €) = 1605,14 €
1605,14 € – 1326,32 € = 278,82 €
Alexander verdient netto 278,82 € mehr.

Fehler-Check

Seite 101

1

Bruttolohn	Rentenvers. 9,45 %	Arbeitslosenvers. 1,5 %	Krankenvers. 8,2 %	Pflegevers. 1,025 %	Sozialabgaben zusammen
2600 €	245,70 €	39,00 €	213,20 €	26,65 €	524,55 €

$\frac{9{,}45}{100} \cdot 2600\,€ = 245{,}70\,€$

$\frac{1{,}5}{100} \cdot 2600\,€ = 39{,}00\,€$

$\frac{8{,}2}{100} \cdot 2600\,€ = 213{,}20\,€$

$\frac{1{,}025}{100} \cdot 2600\,€ = 26{,}65\,€$

524,55 €

2 $G = W \cdot \frac{100}{p} = 1000\,€ \cdot \frac{100}{20{,}175} = 4956{,}63\,€$

3 100 % – 46 % = 54 %
$G = W \cdot \frac{100}{p} = 2466{,}15\,€ \cdot \frac{100}{54} = 4566{,}94\,€$
Ihr Bruttolohn beträgt 4566,94 €.

Schroedel

Die FehlerHilfe

Das Aktiv-Training gegen typische Fehler!

Deutsch

Deutsch Grammatik 5/6
978-3-507-23200-6
Preis: 10,95 €

Deutsch Grammatik 7–9
978-3-507-23201-3
Preis: 10,95 €

Deutsch Rechtschreibung 5/6
978-3-507-23202-0
Preis: 10,95 €

Deutsch Rechtschreibung 7–9
978-3-507-23203-7
Preis: 10,95 €

Englisch

Englisch Grammatik 5/6
978-3-507-23204-4
Preis: 10,95 €

Englisch Grammatik 7–9
978-3-507-23205-1
Preis: 10,95 €

Mathematik

Mathematik Bruchrechnen 5/6
978-3-507-23206-8
Preis: 10,95 €

Mathematik Geometrie 5/6
978-3-507-23209-9
Preis: 10,95 €

Mathematik Gleichungen 7–9
978-3-507-23207-5
Preis: 10,95 €

Mathematik Prozentrechnen 6–
978-3-507-23208-2
Preis: 10,95 €

Diese und weitere Schroedel Lernhilfen sind im Buchhandel erhältlich.
Informationen, Inhaltsverzeichnisse und Probeseiten unter **www.schroedel-lernhilfen.de**

Schroedel. Gut gemacht.